Y VINIERON A ADORARLE

ANTONIO BASANTA REYES

Y VINIERON A ADORARLE

El belén: tradición, recreación y leyenda

FONTE

GRUPO EDITORIAL

© Antonio Basanta Reyes
© Edición de Pablo Cervera Barranco
© Fragmento: *El invernadero*. Herederos de José María Sánchez-Silva
© Grupo Editorial Fonte
   Paseo del Empecinado, 1; Apdo. 19 - 09080 Burgos
   Tfno.: 947 25 60 61

   www.montecarmelo.com
   www.grupoeditorialfonte.com
   editorial@grupoeditorialfonte.com

ISBN: 978-84-10023-62-8
Depósito Legal: BU-324-2024

Impresión y Encuadernación
Grupo Editorial Fonte - Burgos
Impreso en España. Printed in Spain

ÍNDICE

PRÓLOGO

La Fundación Tatiana colabora desde hace años con Antonio Basanta en la difusión del Belén como parte del patrimonio histórico-artístico, reconocido recientemente por la UNESCO. Las exposiciones de los belenes de la colección Basanta-Martín en nuestras sedes de Ávila y Cáceres han sido visitadas por decenas de miles de personas en estos años.

Este libro, titulado *Y vinieron a adorarle,* es la culminación de un proyecto que comenzamos en 2022, para acompañar esas exposiciones con la publicación de una trilogía escrita por el propio Antonio Basanta, sobre las distintas dimensiones del Belén y su papel en la Historia del Arte.

Como en los volúmenes precedentes —*Lo envolvió en pañales* (2022) y *Lo reclinó en un pesebre* (2023)— Basanta nos introduce magistralmente en la realidad visible e invisible del icono navideño. Su prosa, cargada de poesía, es una voz que nos acompaña en el viaje hacia el hogar más representado de la Historia. Una historia que se hace Arte desde los primeros siglos de nuestra Era, pero que se plasma materialmente desde una representación inolvidable dirigida por un dramaturgo excepcional en una noche de Greccio de 1223.

La poesía, decía Simone Weil, sólo puede darse en la ausencia de los esplendores del poder. Pero la poesía no es inofensiva sino «un arma cargada de futuro», en el tópico de Celaya. Porque la belleza, comenta Jiménez Lozano, «nunca es adormecedora y evasiva, por el contrario, trastorna el corazón y la cabeza y, al final, el orden del mundo».

La Fundación Tatiana promueve el impacto trascendente en las personas para que, mediante el liderazgo, el emprendimiento y la Ciencia, mejoren a su vez la vida de otras muchas personas. Son miles los jóvenes, los científicos, los emprendedores, que participan de nuestras actividades y que se benefician de nuestras ayudas para progresar y contribuir al progreso social. Todos ellos son ondas expansivas de la gran decisión de nuestra fundadora, Tatiana Pérez de Guzmán el Bueno, de legar su patrimonio a la Fundación para ponerlo al servicio de la sociedad.

Antonio Basanta nos ayuda a entender que el Belén no sólo es una manifestación artística entrañable, sino que nos enseña que las decisiones de cada uno —las más importantes y las más cotidianas— pueden tener un impacto que trascienda no sólo a otras personas sino al propio paso del tiempo, atravesando los siglos. Pero solo si están impregnadas de la fuerza que, en palabras del Dante, «mueve al Sol y las demás estrellas».

Teodoro Sánchez-Ávila Sánchez-Migallón
Presidente de la Fundación Tatiana

INTRODUCCIÓN

Portalico divino,
¡cuán bien pareces!
con el niño chiquito, bonito,
que nos ofreces.

Dulce portalico,
lleno de mil perlas,
¡quién pudiera haberlas
para quedar rico!
Tus bienes publico,
pues tan bien pareces
con el niño chiquito, bonito,
que nos ofreces.

Una vez más, el mayor de los misterios expresado a través del manantial de la poesía; en los versos que, allá por 1606, escribiera Francisco de Ávila, haciendo del lugar en el que sucede el más maravilloso acontecimiento el protagonista principal de rimas inolvidables.

Un Portal que es, simultáneamente, espacio y tiempo, pues en él todo se aúna, se integra y se concilia. No solo es un dónde, sino también un cuándo, pues el tiempo se renueva, y el pasado se hace presente y futuro ante el nacimiento de la Criatura que viene a traer al mundo el sentido definitivo de la esperanza, del consuelo y del perdón.

A pesar de su humildad, Dios ha querido escoger el Portal como albergue de lo más grande. Y no por lujoso, sino por discreto. No por suntuoso, sino por sencillo. No por distante y sí por amable y enternecedor. De ahí que el autor del poema que precede a estas líneas, al referirse a él, haga uso del diminutivo en –ico, evocación no solo de su pequeñez, sino de su candor, de su cálido afecto.

Esas son también las cualidades que palpitan en todo belén que se precie. Y más cuando, con el rodar de los años, éste termine haciéndose común, doméstico, más próximo que nunca; cuando, tras un lento proceso, que comienza a mediados del siglo XVII, sin abandonar los recintos eclesiásticos o conventuales, sin dejar de estar presente en palacios y casas nobiliarias, finalmente arribe a los hogares, quién sabe si alcanzando el ansiado y principal destino de su devenir.

Surgen, de este modo, los entrañables belenes tradicionales y populares, con su conmovedora ingenuidad, sus anacronismos y singularidades de escala, su tipismo poblado de anécdota, de simbolismo, en los que, por encima de cualquier otro criterio, gobiernan la emoción, la más entrañable devoción y una desbordante y libre fantasía, ajena siempre a la encorsetada rigidez de cánones y protocolos.

El belén se vuelve, así, sustancialmente cercano, dotado de un aura que enriquece o recupera la infancia personal y cuanto implica. Por ello, no hay belén popular que no apele al lenguaje del corazón, que es el genuino de la niñez. A la inocencia, la alegría y el asombro. Y al placer de reunirse en torno a él, para, por su presencia, unidos niños, adultos y ancianos, celebrar el verdadero sentido de la Navidad, nunca tal, si no es canto y alabanza a la más amorosa Natividad.

Belenes que terminarán convirtiéndose en parte inseparable de nuestras vidas; piezas centrales del ciclo navideño, y más en el caso de España, hasta el punto no sólo de dar forma a una de nuestras más ricas tradiciones, felizmente repetida año tras año, sino de poblar también los espacios de la imaginación, donde ya ni siquiera es necesaria la presencia real de las figuritas (nuevo guiño lingüístico a la ternura pueril del belén); ahora el nacimiento se vuelve «inmaterial», pura ideación, pues, por sí mismo o a través de alguno de sus personajes, se hace motivo, argumento principal en la actividad creadora de narradores y poetas o refulge en el caudal perpetuo de las leyendas.

De todo ello he querido dejar testimonio en esta obra, consciente de que los campos a los que me aproximo son tan tentadores como casi infinitos. Pero, al menos, he tratado de bosquejar sus perfiles. Y de hacerlo precisamente en este último libro de la trilogía que, a petición de la Fundación Tatiana, se inició en el año 2022 con *Lo envolvió en pañales*, continuó en 2023 con *Lo reclinó en un pesebre*, y ahora, en 2024, culmina con *Y vinieron a adorarle*. Un título que pretende explicitar el sentido profundo del belén: por el uso del verbo venir. Y por el del verbo adorar.

Todo belén es una llamada que invita al más feliz de los trayectos; un anuncio que nos conduce al descubrimiento más fascinante que jamás podríamos haber soñado: estar ante la presencia de ese Dios que acaba de nacer para hacernos compañeros inseparables de su Camino, de su Verdad y de su Vida. Por eso acudimos ante Él. Y por ello le adoramos, en la acepción más antigua y genuina del término, pues adorar, antes que acción de veneración o pleitesía, etimológicamente expresa deseo de diálogo, de conversación, de oración con Quien nos regala, ya desde la cuna, las claves fundamentales de su mensaje redentor. Las mismas que se contienen y manifiestan de continuo en el belén. Y que, desde él, proyectan toda su potencia.

Mientras la Humanidad siga cultivando el sentido de la espiritualidad y de la trascendencia; mientras confíe en la fuerza generatriz del amor, que es dar y compartir, en nuestras vidas habrá un belén. Y, en él, un "portalico" para hacernos partícipes de su inagotable tesoro.

> En tu cuadra bella
> yace el claro sol,
> que con su arrebol
> da gran luz en ella.
> Con tan clara estrella
> el cielo pareces,
> con el Niño chiquito, bonito,
> que nos ofreces.
> Niño, Dios divino
> vino a ti del cielo,
> debajo de un velo,
> raro y peregrino,
> y en este camino
> el alma enriqueces
> con el Niño chiquito, bonito,
> que nos ofreces.

CAPÍTULO I

EL OCHO DE DICIEMBRE

El peligro era extremo.

De poco parecía haber servido el esfuerzo denodado de los últimos días, tratando de refrenar el ataque imparable de los asaltantes. El agotamiento, el hambre y la desesperanza empezaban a adueñarse de los combatientes españoles, cada vez menos sensibles a las arengas, cada vez más convencidos de que su final, y su derrota, se acercaban irremisiblemente.

—¡Contened los diques! ¡Mantened firmes la posición!

Francisco Arias de Bobadilla, uno de los Maestres de Campo más prestigioso de los gloriosos Tercios al mando de Alejandro de Farnesio, trataba así de evitar el avance de los atacantes y de defender la isla de Bommel, territorio de Flandes, donde los ejércitos españoles seguían asentados en aquella mañana del 7 de diciembre de 1585.

A un lado, el caudaloso río Mosa. Al otro, abrazando el territorio, el anchuroso Waal, ceñido al Mosa a través de varios canales. Y, rodeándolo todo, la amenaza de la escuadra de doscientos barcos del almirante Filips Van Hohelonhe-Neuenstein.

Solo el arrojo de soldados y oficiales españoles había sido capaz de contener hasta entonces el asedio. Únicamente su entrega, su firme voluntad de nunca capitular, había logrado que la victoria enemiga no fuera definitiva y completa. Resistir o morir, ese era el compromiso, pero nunca entregar la plaza.

De pronto, un rumor desconocido se alzó sobre el griterío de los contendientes. Un rumor bronco, creciente y destructor, que Arias de Bobadilla reconoció de inmediato.

—¡Atrás, atrás, poneos a salvo! ¡Han abierto las compuertas y las aguas van a inundarnos!

A su orden, los más de cuatro mil soldados que aún resistían, abandonaron las orillas de la isla para tratar de alcanzar su punto más alto, el monte Empel, donde se alzaba una capilla, en la confianza de que allí encontrarían refugio.

Llegados a su cima, las tropas comenzaron a excavar trincheras desde las que protegerse y repeler el ataque de los asaltantes. Y fue precisamente entonces cuando uno de los soldados españoles, al introducir su pala en la tierra empapada por la lluvia que no cesaba, sintió una dureza imprevista. Porfió de nuevo y tuvo entonces la seguridad de que algo impedía su excavación. No parecía una roca, sino más bien un objeto ligero, que se movía al impulso de sus envites. Intrigado por saber de qué se trataba, comenzó a cavar con las manos y pronto sus dedos creyeron tocar un cuerpo plano y rectangular. Parecía el marco de una ventana, aunque de menor grosor. Palpó de nuevo el objeto aún enterrado y sintió entonces en su tacto la peculiar superficie del lienzo de un cuadro. Con sumo cuidado, logró extraerlo y, cuando consiguió hacer desaparecer el barro que lo empañaba, quedó maravillado: lo que tenía ante sus ojos era una pintura de la Inmaculada Concepción.

—¡¡¡Mirad, mirad lo que he encontrado!!!!

A sus gritos, decenas de soldados españoles se aproximaron, rodeando el hallazgo. Y no fueron pocos los que vieron en aquello no solo un milagro sino, tal vez, el anuncio de una protección divina que pudiera dar un giro completo al cerco que ahora iba estrechándose, pues con el crecer de las aguas, los barcos enemigos cada vez se encontraban más cercanos y los impactos de su cañonería eran más certeros a cada paso.

Sigamos ahora la narración que, con todo detalle, nos proporciona el cronista de aquella jornada, el capitán Alonso Vázquez[1]:

> Este tesoro tan rico que descubrieron debajo de la tierra fue un divino anuncio del bien que, por intercesión de la Virgen María, esperaban obtener (...) El Padre Fray García de Santiesteban hizo luego que todos los soldados rezasen una Salve. (...) y después de haberlo hecho, quedaron tan consolados los sitiados españoles (...) que su ánimo se vio fortalecido y en ellos renació la voluntad de resistir».

Acto seguido, tal y como refleja el espléndido óleo de Augusto Ferrer-Dalmau Nieto[2], iniciaron una proce-

---

[1] Alonso Vázquez es el autor de la obra *Los Sucesos de Flandes y Francia en tiempos de Alexandro Farnese*. Escrita en 16 libros, narra, a libro por año, los sucesos comprendidos en dichas regiones desde 1577 a 1592.

[2] El cuadro fue pintado en 2015. Puede contemplarse en el siguiente enlace de internet: https://2.bp.blogspot.com/-J-6RnxSDzsE/Vmd-Ty-jnktI/AAAAAAAACbc/pzp1S1F_Gi8/s1600/165_El_milagro_de_Empel_960x705.jpg

sión, con el cuadro al frente, sin temor alguno al peligro que aquello representaba.

A últimas horas del día, un emisario de las tropas enemigas solicitó reunirse con el Maestre de Campo para plantear las condiciones de la rendición. Escuchadas las mismas, Bobadilla consultó con sus oficiales, pero la respuesta fue unánime: jamás entregarían la posición.

Y las tropas españolas despidieron el día celebrando una misa junto a la capilla de Empel[3], en cuyos muros exteriores colgaron el lienzo recuperado. Todos suponían lo que les aguardaba. Y todos mantuvieron la misma convicción de sus mandos.

Pero, en aquella noche, y en las primeras horas del día 8 de diciembre, sucedió un hecho inesperado. Sin previo aviso, se levantó un viento feroz, seguido de un frío glacial que, en apenas dos horas, heló por completo las superficies de los ríos, impidiendo cualquier movimiento a las embarcaciones que sobre ellos flotaban, en tanto sus tripulaciones, ignorantes de lo que estaba ocurriendo y sin ninguna vigilancia especial, descansaban, pues debían reponer fuerzas para el asalto final.

Conocida la inesperada circunstancia, en el mayor de los silencios, las tropas españolas se acercaron a los barcos enemigos y, sin apenas oposición, los rindieron, mientras en el aire se escuchaban sus voces de júbilo:

—¡¡¡¡Victoria, victoria. Viva María Virgen!!!!

Por ello, desde aquel día, la Inmaculada Concepción fue tomada como patrona de los Tercios y, años más

---

[3] Desde el año 2000, en el lugar en el que se encontraba la antigua capilla, se ha levantado un oratorio que recuerda lo acaecido en el llamado «Milagro de Empel».

tarde, de la Infantería Española, hasta que finalmente, en 1644, en el reino de España y sus territorios de Ultramar, se declara oficialmente el 8 de diciembre como una de nuestras más sentidas festividades[4].

Y precisamente esa fue la fecha, que ya desde ese mismo siglo XVII, marcaría en España e Hispanoamérica el momento inicial en la preparación, montaje y exhibición de los belenes. Una tradición perpetuada hasta nuestros días. Como un tributo más a la condición especialísima de María. Y como reconocimiento a su persona y santidad, a su bendito cometido en el nacimiento y vida de Jesús[5].

---

[4] La Inmaculada Concepción de María fue establecida como dogma por el papa Pío IX en 1844: «Que la doctrina que sostiene que la Beatísima Virgen María fue preservada inmune de toda mancha de la culpa original en el primer instante de su concepción por singular gracia y privilegio de Dios omnipotente, en atención a los méritos de Cristo Jesús, Salvador del género humano, está revelada por Dios y debe ser por tanto firme y constantemente creída por todos los fieles...» (Encíclica *Ineffabilis Deus*).

[5] En el siguiente enlace se puede contemplar una curiosa imagen interior de la mencionada capilla de Empel. Al fondo, la reproducción del cuadro de Ferrer-Dalmau y, delante de él, junto al altar, un belén.
https://i0.wp.com/31enerotercios.com/wpcontent/uploads/2019/12/IMG-20191204-WA0002.jpg?resize=1536%2C1027&ssl=1

CAPÍTULO II

UN RITUAL MANTENIDO EN EL TIEMPO

Que el 8 de diciembre fuera el momento en el que se iniciaba el montaje o exhibición de los belenes en nuestro país lo constatamos ya en los tiempos de la monarquía española de la Casa de Austria.

En efecto, a finales del siglo XVII encontramos la primera referencia que nos permite asegurar que semejante circunstancia está ya plenamente asentada en la Corte. Y así, en los últimos años del reinado de Felipe IV, diversas crónicas reflejan cómo, «es deseo de S. M. el Rey que, del 8 de diciembre del año en curso al 2 de febrero del siguiente, se exhiban en Palacio varios de los nacimientos de su Alteza Real»[1], algo que también mantendrá su sucesor, Carlos II, quien, al igual que su esposa, María Ana de Neoburgo, acostumbra a instalar en las estancias reales diversos belenes y, muy en especial, las bellísimas composiciones en cera y sedas del mercedario Eugenio Gutiérrez de Torices: sus célebres belenes de escaparate, albergados en preciosos muebles de ébano, marfil y bronce.

---

[1] José Deleito Piñuela, *El rey se divierte* (Altaya, Barcelona 1997) 124.

Semejante tradición, con estricto cumplimiento del calendario, continúa en España con la dinastía Borbón. Y no hay ocho de diciembre en que en el Palacio de Buen Retiro —o en cualquiera de los otros recintos Reales (El Escorial, Aranjuez, La Granja...)— no se empiecen a exhibir ejemplos del mejor arte belenista.

Especial contribución fue la aportada por Carlos III, quien, en los veinticinco años que reinara en Nápoles, impulsó de manera definitiva el belén napolitano, en cuyo montaje, junto a su consorte, María Amalia de Sajonia, participaba personalmente, tal y como siguió haciendo en su retorno a España en 1759. Y de qué manera...

Cuenta uno de sus biógrafos más destacados, Antonio Ferrer del Río, que, llegada la mañana del 8 de diciembre de cada año, tras oír misa, el rey reunía a sus colaboradores más directos y les hacía saber que, a partir de dicho día, interrumpía sus vespertinas jornadas de paseo y de caza —lo que diariamente realizaba como una terapia preventiva de los trastornos mentales que sufrieran su padre, Felipe V, y su hermanastro, Fernando VI—, para dedicar dicho tiempo a la preparación en Palacio del belén que él había traído desde Nápoles. Y lo que aún es más importante: solicita que se publique una Orden Real por la que se invite a todos los súbditos, sea cual sea su condición o estado, a la visita y contemplación de su muy querido belén, lo que causa tanta inquietud en la Corte como satisfacción y regocijo en el monarca.

Pues bien, la fijación del ocho de diciembre como la inaugural del ciclo belenista, empieza también a calar entre la nobleza que forma parte de la Corte real y, por «contagio», y a lo largo de todo el siglo XVIII, en varias de las más renombradas familias aristocráticas. Famosos se hicieron los belenes de las casas nobiliarias de Medinaceli, Monterrey, Medina Sidonia, Lemos, Borja, Parcent, Alba de Liste...

¿Ocurría algo parecido en el estamento de la creciente burguesía? Apenas tenemos información al respecto. Y es este un campo de exploración en el que necesitamos de la labor iluminadora de nuestros grandes investigadores. Porque de lo que sí existe constancia es de la presencia de nacimientos en semejante clase social, no en vano, en varias de las testamentarías del siglo XVIII, y entre los bienes legados, se mencionan específicamente los belenes.

No debe extrañarnos tal circunstancia, pues, ya en el primer tercio del siglo XVII, contamos con un excepcional documento acreditativo. Me refiero a lo recogido en 1627 en la relación de bienes de uno de nuestros más grandes escritores del Siglo de Oro, Lope de Vega, quien, llegada la Navidad, en el oratorio de su casa de la calle Cantarranas —esa que él definía como «...mi casilla, mi quietud, mi güertecillo *(sic)* y estudio»— montaba personalmente un belén compuesto por varias figuras. Así nos lo atestigua su gran amigo Juan Pérez de Montalbán:

> Hacía en su oratorio muchas fiestas a los santos y con más virtuoso exceso la de Cristo Nuestro Señor en su Nacimiento, buscando para esto no solo figuras comunes, sino de costo, de novedad y de riqueza[2].

---

[2] CAYETANO ALBERTO DE LA BARRERA Y LEIRADO, *Nueva biografía de Lope de Vega* (Biblioteca Virtual Cervantes, Alicante 1999) 972.

Tan apreciado debía ser para él tal conjunto, que lo termina legando en herencia a su hija Antonia Clara, quien, en 1664, lo dona a su hermana, sor Marcela de San Félix, monja de la Orden Trinitaria. Eugenio Montes alude poéticamente a este belén en el Pregón de Navidad que pronunciara en Madrid, el año de 1965:

> Agoniza la tarde del lúcido invierno madrileño. Cierra el Fénix los batientes del balcón. En la cámara grande monta Juana[3] el belén. Tiene un ángel volador como suspenso en el aire. Otro sobre el tejado. Tejado que apenas se insinúa, sabiamente roto para dejar ver el interior del Portal, con el Niño, la Virgen y san José. Un pastor con su rebaño de ovejas, a la sombra de un árbol muy florido. Un segundo pastor derribado sobre el césped. Lo derribó la maravilla deslumbradora de ver que ha nacido Dios. Si eso no tira de espaldas, ¿entonces, qué? Al frente, grandes panderos cuadrados. A un lado, una cigüeña de muy largo pico y piernas casi inverosímiles, de tan delgaditas. Al fondo, en imponentes cabalgaduras, los tres Reyes Magos, muy encasquetadas las coronas, con un aire de Carlos Quinto. En sesgo, hacia el pesebre, un zagal que —cosa para mí conmovedora— parece venir de Galicia[4], pues toca la gaita. Y «ándese la gayta por el lugar...», dirá el Fénix en floreados versos.
>
> Esta descripción del belén lopesco no es fantasía que se me ocurra. Lo conozco[5].

No podemos asegurar con rotundidad que este tipo de belenes también iniciaran su ciclo de montaje en la fecha emblemática a la que nos venimos refiriendo.

---

[3] Se refiere a Juana Guardo, esposa legítima de Lope de Vega.

[4] Eugenio Montes nació en Vigo, el 22 de noviembre de 1900.

[5] EUGENIO MONTES, *Pregón de las Fiestas de Navidad* (Ayuntamiento de Madrid, Madrid 1966) 25.

Pero tampoco debemos desechar semejante posibilidad, pues lo cierto es que, cuando el belén llega a su etapa de verdadera democratización — de lo que nos ocuparemos en el próximo capítulo—, cuando surgen y se expanden los belenes populares, esos que permiten incluso a las gentes más humildes formar parte de un rito tan señalado, el ocho de diciembre es común en el inicio de todos ellos, convirtiéndose además en la manifestación más genuina de la Navidad en España. Porque belén y Navidad se fundirán ya para siempre en un todo indivisible, con su epicentro en esa Noche Santa, en esa Nochebuena que nuestra cultura, y nuestra devoción, viven y sienten de forma tan característica:

> La Nochebuena española es toda intimidad, encontrándose en ella ese sabor de siglos bien guardados —como ahorro de cada familia— que caracteriza a España.
>
> La singularidad de esa noche es el sentimiento que se tiene de venir del siempre para irse de nuevo al siempre. Y es que la llegada del Niño de Belén resucita las ruinas. El mundo antiguo y el mundo moderno se reúnen esa noche, en un pacto para que suceda lo milagroso: la eterna resurrección del Niño que es su nacimiento y que, por lo tanto, es algo más que una resurrección, sucediendo en nuestro año, como si fuera el primero de la era cristiana[6].

---

[6] Ramón Gómez de la Serna, *Cuentos de fin de año* (Clan, Madrid 1947) 8-9.

CAPÍTULO III

LA PRESENCIA LUMINOSA
DEL BELÉN POPULAR

¿Cuándo se popularizó el belén en España? ¿Qué fundamentos tenemos para constatar su origen y expansión? ¿Y cómo serían aquellos primeros belenes que formaron parte inseparable de nuestros hogares?

Todas estas cuestiones nos llevan a campos de enorme interés, en los que, poco a poco, y gracias a la labor de diversos estudiosos, vamos conquistando sólidas certezas, si bien todavía desconocemos mucho de lo que merece seguir siendo investigado.

Pero, asumido todo esto, podemos afirmar, sin temor a equivocarnos, que ya en la segunda mitad del siglo XVIII, si no antes, en España la costumbre de montar belenes estaba muy generalizada entre buena parte de las clases sociales. Y la mejor prueba de ello es la existencia, en tales años, de numerosas Ferias Navideñas en las que se vendían y compraban las figuras y complementos para los belenes domésticos.

Así ocurría con la madrileña de la Plaza de Santa Cruz, cuya primera actividad mercantil data de mediados del siglo XVI y que, bien entrado el XVII, se abría al público en torno al ocho de diciembre de cada año; las celebradas en Barcelona en diversos emplazamientos, muchas coincidentes con la fecha más arriba reseñada, según constata Joan Amades[1], o en días apenas posteriores, la que se montaba en los aledaños de la catedral y que, por inaugurarse el 13 de diciembre, desde su origen será conocida como de santa Lucía. Así nos habla de ella Don Rafael de Amat y de Cortada, primer barón de Maldà[2]:

> Día 13 de diciembre de 1786, santa Lucía virgen y mártir, hubo fiesta en la Catedral y en la capilla en que se veneraba a la imagen de la Virgen, la gente asistía a misa pidiendo que les conservara la vista con la claridad necesaria.
>
> Saliendo por los claustros, en la calle que lleva su nombre, había muchos puestos de belenes, figuras de barro y cartón, imágenes de santos, pastores, animales, que hacen que haya una gran multitud de personas en los puestos instalados. La gran cantidad de personas que visitaban estos puestos creaba un ambiente animado y festivo[3].

---

[1] JOAN AMADES, *El Pessebre* (Arola, Barcelona 2009) 319-323. Con respecto a las ferias, Amades, en esta misma obra, nos ofrece una noticia muy curiosa: «Antiguamente la Feria de la Purísima era casi solo de exposición y las ventas no solían ser importantes. Sin embargo, no dejaban de acudir allí todos los pesebristas para ver las novedades que se presentaban. En los días que mediaban de esta Feria a la de santa Lucía, estudiaban la aplicación de cuanto habían visto o les había interesado.(...) La Feria de la Purísima era para ver y la de santa Lucía, para comprar» (pp. 321.322).

[2] Durante su vida, escribió un diario personal que abarca de 1766 hasta 1819, conocido como *Calaix de Sastre*, más de 52 volúmenes manuscritos en los que relata la vida barcelonesa a lo largo de esos años. La copia original se conserva en el Archivo Histórico de la Ciudad.

[3] *Noticias de belenes barceloneses (Siglos XVIII y XIX)*, (Archivo Histórico de la Ciudad, Barcelona 1940) 3.

Nos consta que, también a lo largo del siglo XVIII, y en el primer tercio del siglo XIX, existieron ferias belenistas similares a las de Madrid o Barcelona en otros muchos lugares de España. Las encontramos en ciudades como Valencia, emplazada alrededor de la Seo, Palma de Mallorca, donde ya se exhiben las típicas figuras vestidas a lo mallorquín, Sevilla, y su popularísima Feria de los Muñecos, o Málaga y Granada, con sus tenderetes poblados de piezas herederas de la insigne tradición barrista de ambos lugares. Y, por supuesto, en Murcia, siempre clave en la consolidación de la tradición belenista en nuestro país[4].

Si nos fuera dado el don del gobierno del tiempo, si pudiésemos retroceder en el mismo y volver a los años de nuestros abuelos, ante nosotros aparecería la imagen de aquellas Ferias belenistas urbanas de antaño, en las que la presencia de los belenes populares cobraba carta de naturaleza. Con idéntica pasión a la de nuestros antepasados, sentiríamos la atracción de esas figuras y complementos, capaces de volvernos creadores en miniatura, demiurgos supremos de un nuevo génesis llamado belén, repleto de candor y de simpatía. Y

---

[4] En los últimos años se están realizando diferentes investigaciones sobre los artesanos de estas primeras épocas del belén popular. A modo de homenaje a todos ellos quiero citar aquí la contribución de personas y talleres como los murcianos Antonia Rocamora, José López «*El Niñero*», Antonio Pérez Gil «*El Santero*», el maestro *Huertas*, Patricio Aranda Peñalver, a finales del siglo XIX, o ya en las primeras décadas del XX, Rogelio Pérez Rocamora, Gregorio Molera Toral, Cayetano Serrano Lozano, Pedro Abellán López, José Cuenca o Juan Antonio Mirete Rubio. En Andalucía, Juan de Dios, Sotomayor, la familia Román y, muy en especial, Antonio Jiménez Rada, José Lozano Gómez y José Miranda García, sin olvidar la magnífica contribución del portuense Ángel Martínez García.

quizás escribiríamos una crónica similar a la que nos legó un privilegiado observador de finales del siglo XIX:

Si (...) no tiene prisa y puede arreglar su marcha a la del gentío que puebla aquellos lugares, tendrá ocasión de hacer curiosas observaciones, y aun pasar excelente rato, notando las alegrías del mundo infantil, que se entusiasma con la feria de Pascua, y formular filosóficas consideraciones para su capote sobre la fuerza de la tradición, en cuanto al Nacimiento del Niño Dios se refiere.

(...) Aquellos paisajes de bulto, groseramente formados por papeles viejos sobre armadura de cañas y adornos completos de corcho, con almazarrón[5] y verde pródigamente repartidos, cola en proporciones no menos abundantes, vidrio machacado, sendas de arena y crestas de montañas nevadas por el procedimiento de la harina, son idénticos en un todo a los que causaron mi encanto hace cuarenta años.

Todavía se ven, producto de los mismos moldes de entonces, la figurilla de barro que acusa irreverencia manifiesta hacia el Salvador de los hombres; las de la Virgen María y san José, inspiradas en el convencionalismo del arte económico; la maciza estrella de barro, rebozada en pan de oro; la mula y el buey que compartieron la primera vivienda del Hombre-Dios, y aquella curiosa serie de pastores con corderos, con zambombas, con bollos y botas de vino; de conductores de pavos, de lavanderas y de bailarines de uno y otro sexo (...)

Si, prescindiendo del grupo principal que constituye el Portal de Belén, analizamos más al detalle las figuras que llenan el agreste paisaje, podremos observar caballeros en gigantescos camellos, a los Reyes de Oriente, trayendo en propia mano sus ofrendas al Niño que acaba de nacer en un pesebre; al posadero que niega hospitalidad y asilo a los

---

[5] Almazarrón: almagre. Óxido rojo de hierro, más o menos arcilloso, que suele emplearse en la pintura.

cansados caminantes, y acaso alguna escena de la degollación de los Inocentes.

Pequeños anacronismos son estos que ya privaban hace medio siglo, y que no admiten compararse con los recientemente introducidos por los fabricantes de nacimientos, tales como el de completar el adorno con algunos templos de arquitectura ojival, o, lo que es más osado todavía, presentar las montañas cortadas por túneles, por los que cruzan sobre férrea vía pesadas locomotoras.

Todos estos peñascos[6], figuras y accesorios tienen su natural complemento en puñados de ramaje natural y fresco musgo, con lo cual se llevará la alegría a las casas en las que exista el afortunado dominio y las ruidosas risas de las criaturas[7].

* * *

Pero no solo las ciudades fueron impulsoras de la devoción y la afición belenistas, sino que esta llega igualmente al mundo rural, mayoritario en los siglos XVIII y XIX. Y lo hace mediante una figura tan peculiar como pertinente: los traperos, también conocidos como hileros, una profesión hoy totalmente desaparecida, pero inseparable de los siglos mencionados. Y aún de buena parte del siglo XX. ¿En qué consistía su oficio? Recurramos a la información que nos proporciona José Antonio Marín Mateos[8]:

El hilero era una especie de buhonero (...) que iba ofreciendo baratijas a cambio de trueque de trapos y alparga-

---

[6] Peñascos: escenografías, con o sin figuras, hechas de madera y cartón encolado. La más frecuente era la dedicada al Portal, con algún que otro complemento.

[7] Manuel Ossorio y Bernard, *El año infantil* (Antonio J. Bastinos, Barcelona 1896) 55-56.

[8] José Antonio Marín Mateos, «Oficios olvidados en nuestra región»: *Revista Cangilón* n.º 34 (Murcia 2015) 137.

tas, aunque también aceptaba cables, tornillos, suelas de zapatos, papeles blancos y de color, de periódico o de revista, retales, alambre, hilos de cobre, tacones de los zapatos, botes de conservas, botellas, cambiándolos por otros objetos como eran platos, fuentes, jarros, niñitos, figuritas de belén, caballicos, tebeos o regalicia.

Tan innumerables como anónimos eran los autores de aquellas figuras sencillísimas, algo toscas, que, pintadas en vivos colores, constituían todo un disfrute para la grey infantil y concedían al belén una jocosidad hasta entonces inexistente en los montajes eclesiásticos, nobiliarios o palaciegos. Y es que empieza a existir un belén específicamente destinado a los niños. Para que ellos lo dispongan. Para que disfruten con él e introduzcan en el belén español un componente lúdico y hasta humorístico que ya va a ser indisociable del mismo hasta nuestros días. Porque el belén es disfrute y regocijo, como lo es el mismo Nacimiento del Niño Dios:

> Alegría, alegría, alegría.
> Alegría, alegría y placer,
> que ha nacido Jesusito
> en el Portal de Belén

El doctor Ángel Peña Martín, en su imprescindible obra *La Navidad en España en el siglo xix. El Nacimiento y sus tradiciones*[9], nos aporta valiosísimos testimonios de lo que suponía la llegada a los domicilios de semejantes «embajadores». De entre todos, me permito citar el siguiente:

---

[9] Ángel Peña Martín, *La Navidad en España en el siglo xix. El Nacimiento y sus tradiciones* (Colección Nacimiento Tradicional Peña Martín, Zamora 2016) 40.

Sobre el frío y húmedo empedrado, extendía un descolorido lienzo, y sobre él iba colocando su bella y pintoresca mercancía de figurillas de barro pintado para el Portal, desde la del Niño recién nacido, María y san José, hasta las del buey y la mula, pasando por las de toda clase de pastores y las de los animalillos domésticos.

Los niños quedábamos ensimismados durante largos instantes, analizándolo y curioseándolo todo, y al fin nos decidíamos por las figuras que habríamos de comprar, mejor dicho, de cambiar, porque en aquel negocio para nada figuraba el dinero.

Hecha ya la decisión de adquirir tales o cuales piezas, corríamos hacia nuestra casas respectivas buscando y rebuscando en el corral, en el sobrado y en el desván de los trastos viejos los trapos sucios y rotos que hubieren quedado en desuso, así como en las paredes de la cocina los pellejos de conejos disponibles, y con los que fueren corríamos de nuevo hacia el puesto del Mago que a tan bajo precio nos ofrecía aquellos tesoros de nuestro gusto, por entonces constitutivos de toda nuestra felicidad.

Y hecho el cambio, no sin bastantes regateos, porque al anciano todos los trapos que se le llevaban le parecían pocos, recogíamos las figuritas de nuestro antojo con el mismo afán con que, ya mozos, nos adueñamos de otras riquezas tan caras como aquellas para nuestro corazón[10].

* * *

Los primeros belenes populares debieron estar compuestos por un número muy limitado de figuras: las referidas al Misterio, los Reyes Magos, popularísimos en España desde hacía siglos, y tal vez algún que otro pastor. Algo que, a lo largo del siglo XVIII, se ampliará

---

[10] José Muñoz San Román, *¡Pastorcitos por trapo!* (ABC, Madrid 1933) 10-11.

de manera definitiva, como atestigua e impulsa el belén español por excelencia[11]: aquel que, por encargo de don Jesualdo Riquelme, de 1776 y 1783, creó en su Murcia natal el más grande de nuestros escultores belenistas clásicos, Francisco Salzillo, expuesto en la actualidad en el Museo dedicado al artista en la capital murciana.

Es dicho belén el que incorpora, por vez primera en España, la secuencia completa del ciclo de la Natividad de Jesús. Y, con ello, extiende de manera extraordinaria su narrativa y, por tanto, la presencia de personajes y escenas que se suman a los que hasta ahora eran más habituales. En esa nueva dimensión del belén, junto al localismo costumbrista de muchas de sus figuras, encuentran los artesanos una fuente de inspiración inagotable. Y una libertad de acción que dota al belén popular de gracia incomparable.

Así es como el belén irá configurando sus claves definitivas. Y en esa mezcla de arte y artesanía, de rigor doctrinal y anécdota cotidiana, de complejidad compositiva y de rudimentaria e ingenua sencillez, termina convirtiéndose a principios del siglo XIX en una de las más bellas expresiones de creatividad, de ilusión y de fe. Un inacabable mundo en miniatura, pleno de belleza y de candor, como éste, realmente notable, que se nos invita a «visitar»:

> (…) primoroso belén, en un proporcionado aposento del lado de la calle, adornado con telas pintadas y tres o cuatro arañas de cristal con aceite y pábilos que resplandecían en gran manera delante del belén, el cual ocupaba la otra mitad del aposento.

---

[11] Cf. ANTONIO BASANTA REYES, *Lo envolvió en pañales* (Monte Carmelo, Burgos 2022) 71-73.

Figuraba unos extensos prados cultivados, montañas lejanas, figuradas a una proporcionada distancia, que al resplandor del cielo parecían cosa natural, viéndose, a lo lejos, el mar con algún barco y la linterna.

Más acá de las montañas, los campos amenos de plantas, árboles y arbustos, casas de corcho bien labradas, a la manera de casas de payeses, de piedra, con todo lo necesario dentro y fuera; era graciosa la propiedad de los corderos y cabras dirigiéndose al corral, y la de una carreta de bueyes desuncida, tan bien imitada como todo lo demás.

Sobre el río, un puente de tres arcos y, un poco más lejos, corriendo el agua, unas pasaderas con una mujer con su hijo en brazos, como resistiéndose a pasarla.

¡Cuán reales, por sus actitudes tan vivas, las demás figuras de pastores, pastoras adorando al Divino Salvador Jesús en su tosco Portal o pesebre de Belén con María Santísima y san José contemplando con admiración y ternura al buen Jesús!

A corta distancia de la cueva, medio escondida, se veía un poco elevada la ciudad de Belén; el Anuncio del ángel a los pastores; la estrella de los Magos, que se acercaban por allí a caballo, y los ángeles montados en nubes de Gloria sobre el dichoso Portal de Belén.

En cuanto a árboles, todos imitaban bien el natural, especialmente una o dos palmeras, en primer término del belén, que fue muy concurrido de gente a visitarlo.

Y por la noche, todo era una fiesta, de tantas señoras y caballeros que había en casa Tudó[12] haciendo los honores del belén. Con sumo placer, mostrábalo a todos el buen señor juez, dueño de la casa, del cual era su autor y director; y para contemplarlo mejor les dejaba gemelos de teatro, pudiendo así descubrir los primores que, con tanta profusión, ofrecía aquel maravilloso belén[13].

---

[12] Se refiere al hogar del juez barcelonés don Antonio Francisco Tudó.

[13] Cf. nota 2.

CAPÍTULO IV

LICENCIA PIDO, SEÑORES. (UNA EVOCACIÓN PERSONAL)

La identidad se forja también en la memoria. Y es a ella a la que ahora me atrevo a acudir para recuperar lo que, tantos años después, sigue intacto en mis recuerdos, tal vez como el mejor homenaje que puedo hacer a mis mayores. Porque sí, mi familia era belenista de corazón y fiel cumplidora de sus liturgias.

Por ello, en la tarde del 8 de diciembre, en compañía de mis padres y hermanos, empezaba la ceremonia, respetando un proceder que se sucedía año tras año.

Primero se disponía el entarimado, tantas veces una puerta descolgada de sus goznes y sujeta en sendas borriquetas. Y, apenas asentada la plataforma, salíamos ya en busca de los «materiales de construcción»: la arena con la que trazar los caminos, que nosotros obteníamos de cualquiera de los terraplenes que, en aquel Madrid nuestro del extrarradio, tanto abundaban; también la hierba —no había posibles para el musgo— que mi hermano y yo nos encargaríamos de cuidar. (Tan bien lo hacíamos, que, en cierta ocasión, animada por el riego abundante y la tibieza de la calefacción, creció tanto que, tras tres días de ausencia de nuestro hogar —habíamos celebrado la Nochebuena y Navidad en casa de nuestra abuela— comprobamos que las praderas se habían convertido en junglas inescrutables, donde apenas era visible ninguna de las figuras de nuestro querido nacimiento). Y, si había suerte, recolectábamos algún trozo de vidrio que nos serviría para generar el imprescindible charco donde situar tres o cuatro patos... Finalmente el portero nos proporcionaba restos de escoria —¡cómo pesaban¡— con los que compondríamos la cueva del Portal, siempre inestable, y aquella inefable orografía que, no sé muy bien por qué, nosotros siempre deseábamos imponente.

De vuelta al hogar, nos afanábamos en la composición del paisaje, tantas veces rectificado, hasta que nos parecía el mejor de los posibles. Y es que no había año en que lo que éramos capaces de lograr no nos pareciera infinitamente mejor que lo conseguido en el anterior.

Dado por bueno el escenario, acudíamos a oficiar otro de los momentos trascendentales; cuando mi padre, armado de una rústica escalera, se encaramaba a lo que nosotros conocíamos como el maletero y de él sacaba tres o cuatro cajas menudas, en cuyo exterior mi madre, con su preciosa caligrafía, había rotulado la palabra *Nacimiento*.

Sí, allí estaban cada una de las figuras de nuestro belén que, tras su largo sueño anual, volvían a aparecer a nuestra vista. Y entonces llegaban las mayores emociones, disputándonos unos y otros el privilegio de irlas sacando de su lecho de virutas, de sus rústicas envolturas de papel de periódico.

¡Qué inmensa felicidad sentíamos cuando volvíamos a tener en nuestras manos aquella castañera que, siempre infatigable, seguía ofreciéndonos lo más delicioso de su asada mercancía! ¡Qué ilusión volver a comprobar la tierna figura de la lavandera!, esa que nunca faltaba en nuestro río de papel de plata. Un río que, por cierto, tenía nombre propio, pues al provenir de tabletas de chocolate, sobre su superficie metálica llevaba grabada la palabra Elgorriaga, Elgorriaga, Elgorriaga... ¡Y cómo celebrábamos la aparición anticipada de cada uno de los Tres Reyes Magos, protagonistas, junto a la del 24 de diciembre, de la mejor de las noches navideñas!

Mas también había lugar para el duelo... Porque ya no nos acordábamos de lo sucedido con tal o cual figura. De los patos, que ahora se nos mostraban casi irreconocibles, pues el pasado año, a escondidas de nuestros padres, nos habíamos empeñado en hacerlos nadar sobre un lecho de agua verdadera. O de la cojera de la cabra, que a mi hermano se le antojó colocar en la cima de la más alta de nuestras montañas. Y de la que ella, sin reparar en el peligro y por complacer al primogénito, debió tratar de saltar en la noche, mientras nosotros dormíamos, pues, a la mañana siguiente, apareció sobre el camino con dos de sus patas descompuestas. Pero para casi todo había remedio gracias a la habilidad de mi madre y al poder mágico del engrudo o del Colaticón.

Aún así, si, a pesar de nuestros mejores afanes, los daños eran irreparables, o si nuestros siempre menguados ahorros nos permitían algún mínimo exceso, acudíamos a la cacharrería cercana a casa para adquirir tal o cual figura, tal o cual complemento. Y, si allí no lo hallábamos —no eran pocas las ocasiones en que noso-

39

tros forzábamos la alternativa—, en la mañana del domingo, y en compañía de nuestros padres, acudíamos todos al más deseado de los disfrutes navideños: la visita a los puestos de la Plaza Mayor que, como feria belenista, había tomado el relevo definitivo en 1944 a aquella madrileña de la Plaza de Santa Cruz, tan bellamente evocada por el etnógrafo español Julio Caro Baroja[1]:

> Cuando llegaban las semanas de fines de noviembre y comienzos de diciembre, las cacharrerías del barrio comenzaban a exhibir en sus escaparates modestos figuras de nacimiento. Después algunas tiendas de la calle Mayor montaban nacimientos completos, y por fin llegaba el momento en que en la Plaza de Santa Cruz se ponían los puestos de figuras, de casitas, molinos, puentes y castillos, de corcho y musgo, de serrín verde y de falsa escarcha.
>
> Había allá, hacia 1925, una gran variedad de figuras: casi todas venían de Murcia. Algunas muy finas de Granada, como barrillos andaluces del XIX. Desde las más atarugadas y groseras, pintadas con colorines brillantes, a las más delicadas, había también diferencia de precio sensible. Pero allí estaban desde los personajes de los Evangelios (y aún de los Evangelios apócrifos) hasta la mujer que hila con su gato al lado, el hornero, la vieja con la zambomba, el pastor solitario o los grupos: la Sagrada Familia frente a la posada, el molinero, la Anunciación a los pastores, el hombre con su yunta. Toda la vieja sociedad campesina del Sur se podría encontrar representada en figuras y grupos, con independencia de la formación fija o de acuerdo a un canon del Nacimiento navideño. También objetos que le eran familiares: representaciones toscas de molinos de viento, como los de la Mancha (con mala interpretación del mecanismo), norias, cocinas al aire libre, como las de la Huerta, etc.

---

[1] Julio Caro Baroja, *Los Baroja. Memorias familiares* (Taurus, Madrid 1985) 102-103.

En las casas clásicas o castizas el Nacimiento se iba completando de año en año, se montaba en víspera de Navidad y se desmontaba después de Reyes[2].

Pero a mí me interesaban más que las figuras centrales, que los Reyes Magos o que Herodes[3] con sus soldados (que recordaban a los «armaos» de las procesiones de Semana Santa del Sur), los humildes personajes que la piedad meridional, católica, de Italia, de España, de Provenza o de la Alemania del Sur había imaginado que habían ido a rendir homenaje al Niño-Dios, en un momento. Tampoco me interesaban porque creyera que eran humildes o pobres, sino porque me divertía pensar en sus trabajos coti-

---

[2] Refleja aquí Julio Caro Baroja una costumbre que ya era usual en su infancia: la de desmontar el Nacimiento tras el 6 de enero, si bien tradicionalmente solía mantenerse en España hasta el 2 de febrero. En esa fecha se celebra el Día de la Purificación de María, cuarenta jornadas más tarde del 25 de diciembre, en cumplimiento de la cuarentena que, por motivos de salud y rituales, era obligada para todas las parturientas. Ese 2 de febrero se conoce popularmente como de La Candelaria, fiesta que fue introducida en el año 496 por el papa Gelasio I.

[3] El grupo de Herodes y sus soldados siempre fue el soñado de nuestro nacimiento familiar, aunque nunca nos lo pudimos permitir. Muchos años después, y ya con nuestra Colección Basanta-Martín en marcha, adquirí diferentes conjuntos de distintas procedencias. Pero hay dos de ellos que deseo mencionar por su singularidad: en el primero se pueden contemplar los soldados, vestidos «a la romana» —como en la inefable película de *Calabuig*—, portando en sus manos escudo y lanza. Pero uno de ellos no lleva la consabida pica, sino un tridente, lo que le aportaría un significado simbólico, alusivo al diablo y al Mal.

El segundo conjunto al que me refiero es aún más sorprendente y jocoso. Lo adquirimos en 1991, en una de las tiendas de anticuario del Rastro. Y no nos dimos cuenta de su particularidad hasta llegar a casa. Es un grupo de trazas murcianas, perteneciente a un centro escolar madrileño, según nos comentó el vendedor. Fue al situarlo en la vitrina que le asignamos cuando descubrimos su «secreto»: debajo de cada una de las cinco figuras que lo componían —cuatro sayones y el rey— había escritos, con lapicero, cinco nombres, incluido el tratamiento de cortesía: don Fabián, don Anselmo, don Aniceto, don Dimas y, a la vuelta de la peana de Herodes, don Dionisio, que era el profesor de Matemáticas...

dianos, en sus yuntas, pozos, fuentes con cántaras y borriquilla con albardas o aguaderas, en los aparejos para hilar o
efectuar otra tarea... Jugaba largas horas ajustando su vida.

Mi tío Pío[4] colaboraba en esto, dando interpretación a
los personajes creados por los imagineros populares. (...)
Entre las figurillas de barro de mi nacimiento había una
que representaba a un viejo más bien envuelto que em-
bozado en una capa, de cabeza abajo, que tenía un aspec-
to sombrío; y a este mi tío le llamaba «Martín Trampa»
y sobre él, y sobre otra figurilla que decía representar a
«Mallombre» (mal hombre, otro apodo), me contaba (...)
anticipos o variaciones de su nueva novela[5].

Se comprenderá, pues, la ilusión y alegría que tenía yo
cuando mi padre y mi abuela me daban una cantidad de pe-
setas en plata muy respetable según mi cuenta y, acompañado y aún asesorado por la Julia[6], iba calle Mayor arriba, a ver
los nacimientos, y llegaba al mercado de Santa Cruz, a completar, a ampliar mi colección de figuras. Los grupos eran
los que más me tentaban, y así llegué a tener muchos que
me servían de juguete durante el invierno, aunque mi abuela solía querer que cerrara el ciclo, con arreglo a las fechas
canónicas, y que guardara las figurillas protocolarmente[7].

---

[4] Se refiere al gran novelista español Pío Baroja (1872-1956).

[5] Alude a la novela *Las figuras de cera*, terminada de escribir en 1924.

[6] De «la Julia» —«gran compañera de mi niñez»— habla Caro Baroja
con mucho cariño en varios capítulos de la obra citada en la nota 1.

[7] Este belén que menciona Julio Caro Baroja aún se conserva en la
casa familiar de Itzea, en Vera de Bidasoa. Fue custodiado durante años
por su hermano, don Pío Caro Baroja (1928-2015). En noviembre de 2005,
el diario *El Mundo* publicó una larga entrevista con él, en cuyo inicio se
cita el referido belén. Transcribo literalmente: «Es mediodía en Itzea y
don Pío disfruta como un niño entre figuras y decorados de un belén. El
carpintero ha interrumpido la sobremesa familiar trayendo a la casona una
especie de teatrillo: un enorme cajón de madera donde, a modo de prosce-
nio, Pío padre e hijo dispondrán el belén que reunió, pintó y decoró Julio
Caro Baroja en una de sus mil facetas artístico/curiosas. La próxima sema-

Con semejante pasión a la de don Julio, marchábamos mi hermano mayor y yo bien cogidos de la mano, obedeciendo el mandato paterno de no soltarnos, no fuésemos a perdernos[8], hasta que por fin llegábamos al ansiado mercado belenista que a nosotros se nos antojaba la puerta de entrada a nuestro particular Paraíso.

El estruendo del lugar era ensordecedor, con el sonsonete de los vendedores reclamando la atención del público, el griterío de la grey infantil y el sonido atronador de zambombas, chicharras, panderos, panderetas y tamborcillos[9], a cuya particular sinfonía se unía de vez

---

na, pastorcillos, ovejas y demás figurantes de la escena sagrada viajarán a Madrid en sus artesanos embalajes para quedar expuestos en el Cuartel del Conde Duque». La exposición mencionada fue exhibida en Madrid, organizada por la Sociedad Estatal de Conmemoraciones Culturales (SECC).

[8] Perderse entre aquella multitud constituía todo un temor fundado. Y, si no, que se lo pregunten al gran Pepe Isbert y a su genial interpretación en la secuencia de la película *La Gran Familia*, estrenada en 1962, en la que el abuelo que él representa pierde al menor de sus nietos, a quienes había llevado a la Feria Belenista de la Plaza Mayor de Madrid. Su desesperado y doliente grito de «¡*Cheeenchooo!*» forma parte inseparable de la memoria del cine español... y de la vida de muchos de nosotros.

[9] Panderetas, zambombas, chicharras son, junto al rabel y al almirez, los instrumentos populares más comunes en la interpretación musical de nuestros villancicos navideños.

La pandereta es de origen antiquísimo y se encuentra en la iconografía de multitud de escenas festivas de la Antigüedad. Se cree de origen iraní y está extendida por todo el mundo.

Más singular es el origen de la zambomba, si nos atenemos a lo que se cuenta en la web www.músicos.hipotheses.org: «Este instrumento de orígenes remotos, denominado zambomba, deriva de una palabra onomatopéyica que procede del congoleño *zimbembo*, que parece aludir a ciertos cantos ceremoniales. Del Congo se cree que llegó a la Península Ibérica hacia el siglo xv, traída por esclavos oriundos de Zaire. (...) Estos ayudaron a su difusión por el sur de España y muchos otros lugares, e influyeron notablemente en bailes y cantos. Harían sonar la zambomba por el día de san Martín, o los mediantes entre la Navidad y la Epifanía, festivida-

en cuando el metálico repicar del almirez. Que ya lo pregona el villancico popular:

> Me he comprado una zambomba,
> un pandero y un tambor.
> Y, «pa» completar la orquesta,
> los cacharros del fogón.
> Toca tú la pandereta
> que no hay que dejar dormir
> ni allá arriba ni allá abajo
> ni al que monta guardia aquí[10].

---

des cristianas que sustituían antiguos rituales vinculados al solsticio de invierno. En el siglo XVI los tercios de españoles introdujeron la zambomba en lugares como Holanda. Allí recibe el nombre de *rommelpot*» (Cf. *El jugador de rommelpot*, del pintor flamenco Fran Hals (1582-1666): https://upload.wikimedia.org/wikipedia/commons/5/5b/Frans_Hals_-_Joueur_de_rommelpot_Kimbell.jpg).

[10] Con cuánta gracia nos habla el periodista Félix Méndez Martínez (1870-1913) de varios de estos instrumentos musicales navideños en su artículo *Música del día*, publicado en la revista *Nuevo Mundo*, el año de 1898: «La fabricación de chicharras y zambombas es facilísima: se coge un bote de pimientos morrones y se abre por un extremo para sacar los pimientos; se aderezan y se comen; inmediatamente se vuelve a coger el bote de hoja de lata y se le quita el fondo para tener un cilindro hueco, abierto por los dos extremos; se tapa una de las bocas con un pergamino atado fuertemente y procurando que quede muy terso, eso sí; luego se abre un agujerito en el centro del parche, con un punzón y, si no hay punzón, con una carabina de aire comprimido se le mete un balazo, haciendo buena puntería, en mitad del parche.

Si lo que se quiere fabricar es una chicharra, se le pone una guita, cuerda o bramante, y se encera; si es zambomba lo que se quiere, se le pone una caña muy finita, que también se encera.

Así quedan totalmente construidas las chicharras y las zambombas; pero, generalmente, se forran los botes con papeles de colores, para que no se vea a simple vista que con aquellos chismes se le puede dar la lata al primero que se descuide.

La pandera ya es otra cosa (...) ha conseguido su puesto en el orden armónico-instrumental. Hay panderas de un mérito extraordinario por su parte decorativa, y porque son para estar colgadas nada más, sin meter ruido.

El gentío que llenaba los puestos en los que se exhibían las figuras levantaba un muro solo franqueable a costa de codos, empujones y alguna que otra picardía. Pero jamás el esfuerzo resultaba en vano, pues, alcanzada ya la primera fila, ante nosotros se desplegaba un mundo extraordinario que de inmediato transportábamos mentalmente a nuestro discreto belén. Todo lo deseábamos, pues nada de lo que allí se nos ofrecía dejaba de causarnos la mayor ilusión y apetencia.

Mirábamos y mirábamos insaciables. Pero, aquel día, no éramos capaces de encontrar lo que más deseábamos. Hasta que mi hermano, siempre mucho más perspicaz que yo, lo localizó.

—¡Está ahí! Es el que estábamos buscando.

Y, a su indicación, yo también lo descubrí. Jamás había visto un molinero mejor. Calzado con sus botas altas y vistiendo su pantalón verde, su camisa amarilla y, sobre la cabeza, un sombrero redondo y blanco. A su lado, el burrito, de tamaño tan minúsculo que parecía

---

(...) El tambor es otro elemento de alegría clásica para la Nochebuena; si no hay tres o cuatro niños con tamborcitos, tocados caprichosamente, la fiesta de familia no tiene carácter ni valor y el lugar donde se celebra resulta frío.

Ahora falta el instrumento más importante, el que podríamos llamar el alma de la orquesta, el almirez. Las funciones del almirez en la música de Nochebuena son de una fuerza ensordecedora. Una vez tuve ocasión de escuchar a un concertista de almirez y me quedé loco.

Se trataba de acompañar el estribillo de unos villancicos, y se empeñó mi hombre en que allí había un solo obligado de almirez que ejecutaba él a maravilla. Y, efectivamente, lo ejecutó con tal maestría que salimos todos los concurrentes con una cofosis incurable» (Féliz Mendez, *La música de día* [Nuevo Mundo, Madrid 1898]). Recogido en la magnífica antología *La noche de Navidad*. (Cf. Francisco José Gómez, *La noche de Navidad. Cuentos de Navidad*, II (Encuentro, Madrid 2021) 33-35.

una oveja, cargado con un pesado costal. Y, completando la escena, la presencia de un molino harinero y murciano que a mí, nada más verlo, me pareció formidable: representaba uno de los llamados molinos de vela[11], redondo y compacto, coronado por un sombrerete cónico, pintado todo él de blanco y de gris y con sus cinco aspas cubiertas por una tela inmaculada que desafiaba a todos los vientos. Además, si apoyabas unos de tus dedos en su velamen, éste giraba con un suave movimiento. ¡Y eso sí que era el no va más![12]

Felices con nuestra nueva adquisición, volvimos a casa y, sin poder esperar más, situamos al molinero, su acémila y su molino allá donde mejor nos pareció, si bien aquella posición, como la de tantas otras figuras del belén, variaría día tras día, pues no había jornada en la que no acudiésemos a modificar tal o cual detalle. He ahí también otra de las características del aquel belén popular y hogareño, que siempre estaba en permanente dinamismo, siquiera hasta la mañana del día definitivo en que todo empezaba ya a culminarse. Y aún después, con el progresivo acercar el cortejo de los Reyes Magos al Portal que, hasta el 24 de diciembre, permanecía deshabitado.

---

[11] Este tipo de molinos son muy frecuentes en la comarca murciana del Campo de Cartagena y están presentes en todos los municipios que ocupan tan extensa llanura: Cartagena, Fuente Álamo, La Unión, Los Alcázares, Mazarrón, San Javier, San Pedro del Pinatar y Torre-Pacheco, además de en algunas pedanías situadas al sur de la sierra de Carrascoy, como Sucina.

[12] El grupo del molinero, perteneciente a nuestro belén familiar, junto al Misterio y alguna otra figura, lo conservamos en la Colección que, desde 1977, venimos reuniendo mi esposa y yo. En la parte inferior del conjunto se muestra el sello de uno de los talleres murcianos de mayor arraigo y singularidad: el que creara Pedro Abellán López en el primer tercio del siglo XX y que luego, durante varios años, continuara su hijo José Ricardo Abellán Martí.

Por fin llegaba el día de Nochebuena, ocasión en la que nuestra madre era la protagonista principal. ¿Cómo es posible que hayan transcurrido ya más de sesenta años de aquellas vivencias y en mí permanezcan de forma tan imborrable? Primero se me aparece la sonrisa radiante de ella, aún libre de la enfermedad que luego la acompañaría y tanto le haría padecer a lo largo de casi toda su vida. Y la armonía de su voz, cantándonos aquel romance que había aprendido de su padre[13], quien a su vez lo había recogido en la más celebrada de las novelas que escribió. Un cantar que todavía me sobrecoge:

> —Pastorcito, pastorcito,
> no salgas en Nochebuena,
> que hay una loba rabiosa
> rondando por esa sierra.
> Dicen que en los sus cachorros
> la loba misma ha hecho presa
> y se los ha visto muertos
> a la boca de la cueva.
> (...) Pero el pastor tiene amores,
> amores tiene en la aldea.
> Una zagala muy linda
> Y, más que linda, muy buena.
> Y esta noche la zagala
> sabe el pastor que le espera
> para comerse a la lumbre
> los dones de Nochebuena.
> Dentro del zurrón llevaba
> un tarro de leche fresca,

---

[13] Mi abuelo materno fue el periodista y escritor extremeño Antonio Reyes Huertas (1887-1952). El largo villancico-romance que aquí se cita lo incluyó en su novela *La Sangre de la Raza*, publicada por vez primera en 1919 y de la que, a partir de esa fecha, se han hecho numerosas ediciones.

una hogaza de panizo[14]
y unas daguillas[15] de adelfa.
—Pastorcito, pastorcito,
no hagas daguillas ni ruecas[16]
si has de llevar el regalo
la noche de Nochebuena.
Pero el pastor no hizo caso.
Dio a su cayada dos vueltas
y se perdió entre la roncha[17] de
de jaras y madroñeras.
Muy fuerte estaba la trúbila[18]
muy brava y sola la sierra.
Y la loba en el camino,
grande rabiosa y hambrienta[19].

Y, estrofa tras estrofa, continuaba el villancico hasta llegar a un trágico, pero hermosísimo final.

Luego, acompañábamos a nuestra madre a su cuarto. Y ella, del primer cajón de la cómoda, a la que llamaba «el tocador», extraía una cajita, cuyo contenido nosotros ya adivinábamos: sí, allí se guardaban los cinco personajes principales del belén: María, José, la mula, el buey y, por supuesto, el pequeño Jesús, acostado Él en su cunita de palo sobre su lecho de paja. Uno a uno mi madre los iba sacando a la luz, besando

---

[14] Panizo: maíz.

[15] Daguillas: agujas para calcetar fabricadas en madera.

[16] Ruecas: aros trenzados de juncos o cualquier otro material vegetal flexible. Término de uso muy común en la comarca pacense de La Serena.

[17] Roncha: espesura de matorral. Término de uso muy común en la comarca pacense de La Serena.

[18] Trúbila: tormenta ventosa, con lluvia y rayos. Término de uso muy común en la comarca pacense de La Serena.

[19] Antonio Reyes Huertas, *La Sangre de la Raza* (Diputación de Badajoz, Badajoz 1995) 198-199.

las figuras de María, de José y de Jesús antes de pasárnoslas a nosotros para que hiciésemos lo propio. Luego de nuevo depositaba la del Niño en la cajita de la que la había sacado, y la devolvía al cajón, en tanto todos la acompañábamos para que la Virgen, su esposo y los dos animales quedaran ya en el lugar predilecto del Portal, con un hueco entre ellos que sería donde, en su momento, situaríamos al pequeño de Belén.

¡Con qué delicadeza colocaba ella cada una de aquellas figuras! ¡Con cuánto mimo cubría de arena sus peanas, procurando jamás tapar los pies! ¡Qué calor desprendían ya mula y buey, conscientes de su función y de su privilegio! ¡Y qué expectantes quedábamos todos, deseando que llegase el momento cumbre de aquel día maravilloso!

Aún ignoro cómo éramos capaces de aguantar despiertos. Pero lo cierto es que, tras la cena, después de disfrutar por vez primera de los dulces navideños y de amenizar con canciones, narraciones y chascarrillos las casi dos horas que aún nos separaban de aquello que, con tanta ilusión, esperábamos, por fin lográbamos escuchar en la radio los doce «pitos»[20] de la medianoche y todos nos dirigíamos de nuevo al cuarto de nuestros padres, como en un pequeño cortejo, para tomar cuna y Niño y llevarlos al belén.

Nadie nos lo ordenaba, pero en el momento en que mi madre extraía la figurita y, junto a su cuna, la depositaba en el lugar que previamente habíamos dispuesto, se hacía un silencio solemne y respetuoso, hasta que ella iniciaba la misma oración con la que, noche tras

---

[20] En el argot radiofónico, con la palabra pitos se identifican las señales horarias.

noche, antes de dormir, siempre nos despedía, mientras nuestro padre trazaba en nuestra frente la señal de la cruz: *Jesusito de mi vida / eres niño como yo / por eso te quiero tanto / y te doy mi corazón.*

Luego, acabado el rezo, entonábamos el último de los villancicos. El más universal de cuantos existen. El que mejor porta el sentido genuino de cuanto expresa y contiene el belén: *Noche de Paz, noche de Amor, todo duerme en derredor...*

En un rincón está el Nacimiento. Una pequeña montaña, cubierta de nieve por las cimas y de inmóviles ríos por las faldas, sostiene la balumba de árboles, riscos, cabras, ovejas, gente de a pie, gente de a caballo, pequeñuelos zagales con regalos a la espalda, pastores con delicados presentes, crestas, barrancos, veredas, caseríos lejanos, y por último, galopando sobre el camino que culebrea y desciende a la llanura, los tres Reyes Magos, caballeros en tres soberbios corceles, que siguen la estrella de hojalata, colgada de rama macilenta.

En el portal, preside la fiesta un san José de barro, enfrente de quien mira al recién nacido una pequeña Virgen, con su manto de colores, su corona de rayos de oro y su semblante de rosa. Por entre la respingona mula y el paciente buey, asoma su microscópica cabeza el Niño de Dios.

La noche rueda misteriosa[21].

---

[21] Salvador Rueda, *La Noche-Buena,* en *El patio andaluz. Cuadro de costumbres* (Manuel Rosado, Madrid 1886) 38-39.

CAPÍTULO V
UN BELÉN DE PALABRAS

Más allá del belén que componen figuras y elementos escenográficos reales, palpables y visibles, surge, desde los mismos orígenes de esta manifestación, lo que me gusta llamar el belén de las palabras. Aquel que, a través de los personajes que lo pueblan, de las historias que nos transmite, de los secretos que guarda, no habita ya en el medio tangible, sino en una cierta condición etérea, porque lo configura la propia magia de la lengua.

Un belén que, desde los tiempos remotos de las primeras celebraciones de la Navidad, se hace presente en las palabras inspiradas y reveladas de oraciones e himnos. Que, por medio de sus integrantes principales —María, José y el Niño— está en la base de nuestra primitiva poesía, de nuestro primitivo teatro. De Gonzalo de Berceo a Gómez Manrique, de la dramaturgia anónima del *Auto de los Reyes Magos* al prodigio de tantos y tantos otros textos anónimos que recogen con emoción la Noche única a la que el belén responde.

Es así como el nacimiento emerge en el océano inmenso de la oralidad y de la escritura: de lo recitado, lo cantado y lo contado. Cuando, del mismo modo que cada figura destila el aura del artista o artesano que la imagina y elabora, en los textos cada línea, cada párrafo, cada verso, cada diálogo, traslucen el alma de su autor. Y más, cuando ello se plasma en una de las más humanas de las Bellas Artes: la Literatura, tanto culta como popular.

Ese es también territorio privilegiado del belén, tan extenso, tan feraz que es imposible recogerlo con la exhaustividad que merece en un libro como el presente, de obligada y necesaria brevedad. Pero, como invitación para que todos nos acerquemos a semejante tesoro[1], no he querido renunciar a traer aquí dos ejemplos extraordinarios, que no son sino un mero apunte y un homenaje a cuantos otros textos hacen del belén, nacimiento o pesebre su centro, su faro y su guía.

* * *

El belén de don Benito

A finales del siglo XIX se produce en España una proliferación inusitada de periódicos y revistas. Tras el largo estiaje anterior, parecería que, en el último cuarto del siglo, los españoles demandan con fervor este tipo de medios que florecen tanto a nivel local, como provincial, regional o nacional.

Es precisamente en tales publicaciones donde, con frecuencia, encontramos artículos, anuncios y noticias

---

[1] Para todos aquellos que quieran ampliar su conocimiento sobre esta tipología del cuento navideño, me permito recomendar la lectura de estas antologías: MARTA RIVERA DE LA CRUZ, *Cuentos de Navidad* (Espasa-Calpe, Madrid 2003) y FRANCISCO JOSÉ GÓMEZ FERNÁNDEZ, *El día de Reyes. Cuentos de Navidad*, I, *La noche de Navidad. Cuentos de Navidad*, II y *Tardes de Año Nuevo. Cuentos de Navidad*, III (Encuentro, Madrid 2019, 2021 y 2023).

que nos permiten adivinar la presencia constante del belén en la sociedad española. E infinidad de referencias en torno al belén, inseparable ya de la vida cotidiana.

Pero, además de la labor informativa y noticiosa, es muy común que en muchas de aquellas cabeceras, especialmente durante el periodo navideño, se cuente con la colaboración de los más celebrados escritores, a quienes se solicitan relatos para disfrute de todos sus lectores.

Ese es el caso del cuento *La mula y el buey,* que reproduzco en parte a continuación, publicado en 1876. Lo firma uno de nuestros más grandes narradores, Benito Pérez Galdós, quien, en idénticas fechas, goza ya de una inmensa popularidad, tras el éxito conseguido con *Trafalgar,* el primero de sus Episodios Nacionales.

Disfrutemos de su prosa magistral. Deleitémonos con la multitud de detalles de su belén imaginado. Y gocemos de ese aroma que nos lleva a tiempos anteriores y, sin embargo, tan próximos.

El buey y la mula (selección)[2]

Cesó de quejarse la pobrecita, movió la cabeza, fijando los tristes ojos en las personas que rodeaban su lecho, extinguióse poco a poco su aliento, y espiró *(sic).* El Ángel de la Guarda, dando un suspiro, alzó el vuelo y se fue.

La infeliz madre no creía tanta desventura; pero el lindísimo rostro de Celinina se fue poniendo amarillo y diáfano como cera; enfriáronse sus miembros, y quedó rígida y dura como el cuerpo de una muñeca. Entonces llevaron

[2] Este cuento se publicó por vez primera el 22 de diciembre de 1876 en el periódico *La Ilustración Española y Americana*, Madrid, número XLVII, pp. 385-386.

fuera de la alcoba a la madre, al padre y a los más inmediatos parientes, y dos o tres amigas y las criadas se ocuparon en cumplir el último deber con la pobre niña muerta. (...)

Un hombre antipático trajo una caja algo mayor que la de un violín, forrada de seda azul con galones de plata, y por dentro guarnecida de raso blanco. Colocaron dentro a Celinina, sosteniendo su cabeza en preciosa y blanda almohada, para que no estuviese en postura violenta, y después que la acomodaron bien en su fúnebre lecho, cruzaron sus manecitas, atándolas con una cinta, y entre ellas pusiéronle un ramo de rosas blancas, tan hábilmente hechas por el artista, que parecían hijas del mismo abril.(...)

Después de besar repetidas veces las heladas mejillas de la pobre niña, dieron por terminada su piadosa obra.

*   *   *

Allá en lo más hondo de la casa sonaban gemidos de hombres y mujeres. Era el triste lamentar de los padres, que no podían convencerse de la verdad del aforismo «angelitos al cielo»[3] que los amigos administran como calmante moral en tales trances. (...) Mil recuerdos o imágenes dolorosas les herían, tomando forma de agudísimos puñales que les traspasaban el corazón. (...)

Para colmo de aflicción, por todas partes los objetos con que Celinina había alborozado sus últimos días, y como éstos eran los que preceden a Navidad, rodaban por el suelo: pavos de barro con patas de alambre, un san José sin manos, un pesebre con el niño Dios, semejante a una bolita de color de rosa[4], un Rey Mago montado en

---

[3] Parte de la locución popular acostumbrada como fórmula de condolencia por la muerte de un niño. La expresión completa decía: «Angelitos al cielo y la ropa al arca».

[4] Respecto a la simpleza y tosquedad de no pocas de las figuras de nuestros belenes populares, Manuel Machado escribió un precioso texto que nos ofrece el doctor Ángel Peña en su magnífica publicación ya citada. Dice así: «He cogido una de aquellas figurillas de barro pintado y me he

arrogante camello sin cabeza. Lo que habían padecido aquellas pobres figuras en los últimos días, arrastradas de aquí para allí, puestas en esta o en la otra forma[5], sólo Dios, la mamá y el purísimo espíritu que había volado al cielo lo sabían.

Estaban las rotas esculturas impregnadas, digámoslo así, del alma de Celinina, o vestidas, si se quiere, de una singular claridad muy triste, que era la claridad de ella. La pobre madre, al mirarlas, temblaba toda, sintiéndose herida en lo más delicado y sensible de su íntimo ser. ¡Extraña alianza de las cosas! ¡Cómo lloraban aquellos pedazos de barro! ¡Llenos parecían de una aflicción intensa, y tan doloridos que su vista sola producía tanta amargura como el espectáculo de la misma criatura moribunda, cuando miraba con suplicantes ojos a sus padres y les pedía que le quitasen aquel horrible dolor de su frente abrasada! La más triste cosa del mundo era para la madre aquel pavo con patas de alambre clavadas en tablilla de barro, y que

---

puesto a mirarla. La boca es un trozo rojo, el ojo, un punto negro, lo demás de la cara es una plasta indecisa de color rosado. Y, sin embargo, bien veo que es un pastor de los que fueron a saludar a Cristo... A la noche, sobre la mesa de casa, por una montaña de cartón bañada en arena brillante, mi buen pastorcillo bajará a Belén para ofrendar al divino Niño aquello que lleva debajo del brazo, y que ahora no acierto a distinguir lo que es; bajará a Belén, de todas veras, con su alma primitiva y tosca como su forma» (MANUEL MACHADO, *La Plaza de Santa Cruz. «Misterios» a real*, Madrid, ABC, 22 de diciembre de 1905).

[5] Ese movimiento continuo de las figuras, ese recomponer una y otra vez su posición en el belén, constituía uno de los mayores atractivos de nuestros belenes domésticos. Era una forma de vivir el Nacimiento de continuo. A veces lo provocaba el propio relato evangélico, como es el caso de los Reyes Magos y su comitiva que, día tras día, debían ir acercándose al belén hasta que definitivamente el 6 de enero se mostraban en el primer término del Portal, a través de unas figuras distintas que los representaban en actitud reverente. Más curiosa era la costumbre tradicional de hacer desaparecer del belén la cuna y el Niño el día 28 de diciembre, para así hurtarle de la crueldad feroz de Herodes y del episodio de la Degollación de los Inocentes.

en sus frecuentes cambios de postura había perdido el pico y el moco[6].

* * *

Pero si era aflictiva la situación de espíritu de la madre, éralo mucho más la del padre. Aquélla estaba traspasada de dolor; en éste el dolor se agravaba con un remordimiento agudísimo. Contaremos brevemente el peregrino caso, advirtiendo que esto quizás parecerá en extremo pueril a algunos; pero a los que tal crean les recordaremos que nada es tan ocasionado a puerilidades como un íntimo y puro dolor, de esos en que no existe mezcla alguna de intereses de la tierra, ni el desconsuelo secundario del egoísmo no satisfecho.

Desde que Celinina cayó enferma, sintió el afán de las poéticas fiestas que más alegran a los niños, las fiestas de Navidad. Ya se sabe con cuánta ansia desean la llegada de estos risueños días, y cómo les trastorna el febril anhelo de los regalitos, de los nacimientos y las esperanzas del mucho comer y del atracarse de pavo, mazapán, peladillas y turrón. Algunos se creen capaces, con la mayor ingenuidad, de embuchar en sus estómagos cuanto ostentan la Plaza Mayor[7] y calles adyacentes.

---

[6] Moco: apéndice carnoso y eréctil que tiene el pavo sobre el pico.

[7] Como bien describe Galdós, en el año en el que se publica el cuento, 1876, la madrileña Plaza de Santa Cruz —tal y como él mismo señala unas líneas más adelante al referirse a los personajes de la mula y el buey— seguía siendo el lugar de la capital donde se vendían las figuras y demás complementos para los Nacimientos, en tanto la Plaza Mayor se reservaba para la mercadería de todo tipo de viandas, incluidos los dulces y turrones propios de las Navidades. ¿Cómo no recordar aquí aquel pregonar del sainete *El hambriento de Navidad* que, en 1763, escribiera don Ramón de la Cruz:

«¡Jalea! ¡Perada! ¡Chorizo! ¡Turrón!

Granadas, naranjas, merluza, salmón,

besugo, aceitunas, tortas y acitrón.

¡Lombarda! ¡Escarola! ¡Pavos! ¡Mazapán!

Gallinas, capones, perdices, zorzal,

cascajo, camuesas y mil cosas más» (RAMÓN DE LA CRUZ, *Sainetes* [Biblioteca Arte y Letras, Barcelona 1882] 275).

Celinina, en sus ratos de mejoría, no dejaba de la boca el tema de la Pascua, y como sus primitos, que iban a acompañarla, eran de más edad y sabían cuanto hay que saber en punto a regalos y nacimientos, se alborotaba más la fantasía de la pobre niña oyéndolos, y más se encendían sus afanes de poseer golosinas y juguetes. Delirando, cuando la metía en su horno de martirios la fiebre, no cesaba de nombrar lo que de tal modo ocupaba su espíritu, y todo era golpear tambores, tañer zambombas, cantar villancicos. En la esfera tenebrosa que rodeaba su mente no había sino pavos haciendo clau clau; pollos que gritaban pío pío; montes de turrón que llegaban al cielo formando un Guadarrama de almendras; nacimientos llenos de luces y que tenían lo menos cincuenta mil millones de figuras; ramos de dulce; árboles cargados de cuantos juguetes puede idear la más fecunda imaginación; el estanque del Retiro lleno de sopa de almendras; besugos que miraban a las cocineras con sus ojos cuajados; naranjas que llovían del cielo, cayendo en más abundancia que las gotas de agua en día de temporal, y otros mil prodigios que no tienen número ni medida.

* * *

El padre, por no tener más chicos que Celinina, no cabía en sí de inquieto y desasosegado. Sus negocios le llamaban fuera de la casa; pero muy a menudo entraba en ella para ver cómo iba la enfermita. El mal seguía su marcha con alternativas traidoras: unas veces dando esperanzas de remedio, otras quitándolas.

El buen hombre tenía presentimientos tristes. El lecho de Celinina, con la tierna persona agobiada en él por la fiebre y los dolores, no se apartaba de su imaginación. Atento a lo que pudiera contribuir a regocijar el espíritu de la niña, todas las noches, cuando regresaba a la casa, lo *(sic)* traía algún regalito de Pascua, variando siempre de objeto y especie; pero prescindiendo siempre de toda golosina. Trájole un día una manada de pavos, tan al vivo hechos, que no les faltaba más que graznar; otro día sacó de sus bolsillos la mitad de la Sacra Familia, y al siguiente a san José con el pesebre y portal de Belén. Después vino con unas preciosas ovejas a quien conducían gallardos pastores, y luego se hizo acompañar de unas lavanderas que lavaban, y de un choricero que vendía chorizos, y de un Rey Mago negro, al cual sucedió otro de barba blanca y corona de oro. Por traer, hasta trajo una vieja que daba azotes en cierta parte a un chico por no saber la lección[8].

Conocedora Celinina, por lo que charlaban sus primos, de todo lo necesario a la buena composición de un nacimiento, conoció que aquella obra estaba incompleta por la falta de dos figuras muy principales, la mula y el buey. Ella no sabía lo que significaban la tal mula ni el tal buey; pero atenta a que todas las cosas fuesen perfectas, reclamó una y otra vez del solícito padre el par de animales que se había quedado en Santa Cruz.

Él prometió traerlos, y en su corazón hizo propósito firmísimo de no volver sin ambas bestias; pero aquel día, que era el 23, los asuntos y quehaceres se le aumentaron de tal modo que no tuvo un punto de reposo. Además de esto, quiso el Cielo que se sacase la lotería[9], que tuviera noticia de haber ganado un pleito, que dos amigos cariñosos le embarazaran toda la mañana... en fin, el padre entró en la casa sin la mula, pero también sin el buey.

Gran desconsuelo mostró Celinina al ver que no venían a completar su tesoro las dos únicas joyas que en él

---

[8] La incorporación de personajes o escenas de carácter humorístico es también muy propia de los belenes populares: el burro que tropieza y rompe su carga de cántaras o platos; la anciana que persigue un ratón; los niños que, mostrando parte de sus posaderas, roban frutas en un huerto ajeno o huyen de un toro desmandado; el pastor que avanza dormido encima de su jumento; el zagal que bebe directamente la leche de la ubre de una cabra, o esta misma figura a la que Galdós se refiere en su relato, tan común en los belenes de artesanos murcianos.

[9] Sacase la lotería: sortease la lotería. La expresión «sacarse la lotería» sigue siendo usada en varios países hispanoamericanos.

faltaban. El padre quiso al punto remediar su falta; más la nena se había agravado considerablemente durante el día; vino el médico, y como sus palabras no eran tranquilizadoras, nadie pensó en bueyes, mas tampoco en mulas.

El 24 resolvió el pobre señor no moverse de la casa. Celinina tuvo por breve rato un alivio tan patente que todos concibieron esperanzas, y lleno de alegría dijo el padre: «Voy al punto a buscar eso».

Pero como cae rápidamente un ave, herida al remontar el vuelo a lo más alto, así cayó Celinina en las honduras de una fiebre muy intensa. Se agitaba trémula y sofocada en los brazos ardientes de la enfermedad, que la constreñía sacudiéndola para expulsar la vida. En la confusión de su delirio, y sobre el revuelto oleaje de su pensamiento, flotaba, como el único objeto salvado de un cataclismo, la idea fija del deseo que no había sido satisfecho, de aquella codiciada mula y de aquel suspirado buey, que aun proseguían en estado de esperanza.

El papá salió medio loco, corrió por las calles; pero en mitad de una de ellas se detuvo, y dijo: «¿Quién piensa ahora en figurillas de nacimiento?». Y corriendo de aquí para allí, subió escaleras, y tocó campanillas, y abrió puertas sin reposar un instante hasta que hubo juntado siete u ocho médicos, y los llevó a su casa. Era preciso salvar a Celinina.

*   *   *

Pero Dios no quiso que los siete u ocho (pues la cifra no se sabe a punto fijo) alumnos de Esculapio contraviniesen la sentencia que él había dado, y Celinina fue cayendo, cayendo más a cada hora, y llegó a estar abatida, abrasada, luchando con indescriptibles congojas, como la mariposa que ha sido golpeada y tiembla sobre el suelo con las alas rotas. Los padres se inclinaban junto a ella con afán insensato, cual si quisieran con la sola fuerza del mirar detener aquella existencia que se iba, suspender la rápida desorganización humana, y con su aliento renovar el aliento de la pobre mártir que se desvanecía en un suspiro.

Sonaron en la calle tambores y zambombas y alegre chasquido de panderos.

Celinina abrió los ojos, que ya parecían cerrados para siempre, miró a su padre, y con la mirada tan sólo y un grave murmullo que no parecía venir ya de lenguas de este mundo, pidió a su padre lo que éste no había querido traerle. Traspasados de dolor padre y madre quisieron engañarla, para que tuviese una alegría en aquel instante de suprema aflicción, y presentándole los pavos, le dijeron: «Mira, hija de mi alma, aquí tienes la mulita y el bueyecito». Pero Celinina, aun acabándose, tuvo suficiente claridad en su entendimiento para ver que los pavos no eran otra cosa que pavos, y los rechazó con agraciado gesto.

Después siguió con la vista fija en sus padres, y ambas manos en la cabeza señalando sus agudos dolores. Poco a poco fue extinguiéndose en ella aquel acompasado son, que es el último vibrar de la vida, y al fin todo calló, como calla la máquina del reloj que se para; y la linda Celinina fue un gracioso bulto, inerte y frío como mármol, blanco y trasparente como la purificada cera que arde en los altares.

¿Se comprende ahora el remordimiento del padre? Porque Celinina tornara a la vida, hubiera él recorrido la tierra entera para recoger todos los bueyes y todas, absolutamente todas las mulas que en ella hay. La idea de no haber satisfecho aquel inocente deseo era la espada más aguda y fría que traspasaba su corazón. En vano con el raciocinio quería arrancársela; pero ¿de qué servía la razón, si era tan niño entonces como la que dormía en el ataúd, y daba más importancia a un juguete que a todas las cosas de la tierra y del cielo?

* * *

En la casa se apagaron al fin los rumores de la desesperación, como si el dolor, internándose en el alma, que es su morada propia, cerrara las puertas de los sentidos para estar más solo y recrearse en sí mismo.

Era Nochebuena, y si todo callaba en la triste vivienda recién visitada de la muerte, fuera, en las calles de la ciudad, y en todas las demás casas, resonaban placenteras bullangas de groseros instrumentos músicos, y vocería de chiquillos y adultos cantando la venida del Mesías. Desde la sala donde estaba la niña difunta, las piadosas mujeres que le hacían compañía oyeron espantosa algazara, que al través del pavimento del piso superior llegaba hasta ellas, conturbándolas en su pena y devoto recogimiento. Allá arriba, muchos niños chicos, congregados con mayor número de niños grandes y felices papás y alborozados tíos y tías, celebraban la Pascua, locos de alegría ante el más admirable nacimiento que era dado imaginar, y atentos al fruto de juguetes y dulces que en sus ramas llevaba un frondoso árbol[10] con mil vistosas candilejas alumbrado.

Hubo momentos en que con el grande estrépito de arriba, parecía que retemblaba el techo de la sala, y que la pobre muerta se estremecía en su caja azul, y que las luces todas oscilaban, cual si, a su manera, quisieran dar a entender también que estaban algo peneques[11]. De las tres mujeres que velaban se retiraron dos; quedó una sola, y ésta, sintiendo en su cabeza grandísimo peso, a causa sin duda del cansancio producido por tantas vigilias, tocó el pecho con la barba[12] y se durmió.

Las luces siguieron oscilando y moviéndose mucho, a pesar de que no entraba aire en la habitación. Creeríase

---

[10] Es muy significativa la mención que ya Galdós hace del árbol de Navidad, pues la introducción de esta costumbre navideña era muy reciente en España. En concreto, el primero de dichos árboles se mostró en Madrid, en el Palacio de Alcañices, en 1870. Lo mandó instalar la esposa del Duque de Sesto, Sofía Trubetzkoy. Su incorporación al relato galdosiano refleja la rápida extensión de esta costumbre entre la burguesía madrileña.

[11] Peneques: embriagados, borrachos.

[12] Barba: parte de la cara que está debajo de la boca.

que invisibles alas se agitaban en el espacio ocupado por el altar. Los encajes del vestido de Celinina se movieron también, y las hojas de sus flores de trapo anunciaban el paso de una brisa juguetona o de manos muy suaves. Entonces Celinina abrió los ojos.

Sus ojos negros llenaron la sala con una mirada viva y afanosa que echaron en derredor y de arriba abajo. Inmediatamente después, separó las manos sin que opusiera resistencia la cinta que las ataba, y cerrando ambos puños se frotó con ellos los ojos, como es costumbre en los niños al despertarse. Luego se incorporó con rápido movimiento, sin esfuerzo alguno, y mirando al techo, se echó a reír; pero su risa, sensible a la vista, no podía oírse. El único rumor que fácilmente se percibió era una bullanga de alas vivamente agitadas, cual si todas las palomas del mundo estuvieran entrando y saliendo en la sala mortuoria y rozaran con sus plumas el techo y las paredes[13].

Celinina se puso en pie, extendió los brazos hacia arriba, y al punto le nacieron unas alitas cortas y blancas. Batiendo con ellas el aire, levantó el vuelo y desapareció. Todo continuaba lo mismo; las luces ardiendo[14], derraman-

---

[13] ¡Ah, los ángeles!, inseparables siempre de los belenes.

[14] Antes de la llegada de la luz eléctrica, los belenes se iluminaban con velas, fanales y farolillos que, a veces, teñían la luz de colores. Incluso en la relación documental de los muchos operarios que participaban en los montajes de los belenes borbónicos se cita en particular a los candeleros. No obstante, la utilización de candelas en el belén —causa de más de un percance— siguió en boga todavía en los primeros años del siglo xx, como podemos comprobar en el recuerdo del belén de infancia que hace Ramón Gómez de la Serna en uno de sus relatos navideños:

«(...) Después de la primera emoción proponíamos encender las velas, y lentamente íbamos poniendo fuego a los palitos nuevos de las cien velillas distribuidas en vegas y desfiladeros. El Portal de Belén resplandecía con sus candelabros de varios brazos.

Era un momento trascendental, como de alumbramiento de un Año Nuevo o de una nueva era, y cuando estaba todo encendido se apagaba la luz eléctrica, y entonces ya éramos nosotros mismos como figurillas de barro

do en copiosos chorros la blanca cera sobre las arandelas; las imágenes en el propio sitio, sin mover brazo ni pierna ni desplegar sus austeros labios; la mujer sumida plácidamente en un sueño que debía saberle a gloria; todo seguía lo mismo, menos la caja azul, que se había quedado vacía.

* * *

¡Hermosa fiesta la de esta noche en casa de los señores de ***! Los tambores atruenan la sala. No hay quien haga comprender a esos endiablados chicos que se divertirán más, renunciando a la infernal bulla de aquel instrumento de guerra. Para que ningún inhumano oído quede en estado de funcionar al día siguiente, añaden al tambor esa invención de Averno llamada zambomba, cuyo ruido semeja a gruñidos de Satanás. Completa la sinfonía el palmero, cuyo atroz chirrido de calderería vieja alborota los nervios más tranquilos. Y sin embargo, esta discorde algazara sin melodía y sin ritmo, más primitiva que la música de los salvajes, es alegre en que esta singular noche, y tiene cierto sonsonete lejano de coro celestial.

El Nacimiento no es una obra de arte a los ojos de los adultos; pero los chicos encuentran tanta belleza en las figuras, expresión tan mística en el semblante de todas ellas, y propiedad tanta en sus trajes, que no crean haya salido de manos de los hombres obra más perfecta, y la atribuyen a la industria peculiar de ciertos ángeles dedicados a ganarse la vida trabajando en barro. El portal de corcho, imitando un arco romano en ruinas, es monísimo, y el riachuelo representado por un espejillo con manchas verdes que remedan acuáticas hierbas y el musgo de las márgenes, parece que corra por la mesa adelante con plácido murmurio. El puente por donde pasan los pastores es tal, que nunca se ha visto el cartón tan semejante a la piedra, al contrario de lo que pasa en muchas obras de nuestros ingenieros mo-

---

que entraban en la realidad de aquel mundo disminuido y parpadeante» (Ramón Gómez de la Serna, *El creador de los nacimientos, op. cit.*, p. 89).

dernos, los cuales hacen puentes de piedra que parecen de cartón. El monte que ocupa el centro se confundiría con un pedazo de los Pirineos, y sus lindas casitas, más pequeñas que las figuras, y sus árboles figurados con ramitas de evónimus, dejan atrás a la misma Naturaleza.

En el llano es donde está lo más bello y las figuras más características: las lavanderas que lavan en el arroyo; los paveros y polleros conduciendo sus manadas; un guardia civil que lleva dos granujas presos[15], caballeros que pasean en lujosas carretelas junto al camello de un Rey Mago, y Perico el ciego[16] tocando la guitarra en un corrillo donde curiosean

---

[15] El anacronismo, el tipismo y la comicidad de nuevo presentes en el belén popular. Esta presencia de los guardias civiles en un belén debió de alcanzar cierta fortuna, pues en nuestra Colección tenemos una construcción, que forma parte del castillo de Herodes, en la que, en su parte superior, se puede leer *Todo por la Patria...*

[16] Muy interesante y significativa es la mención de esta figura incorporada al belén, pues se trata de un personaje literario que versificara Vicente Barrantes Moreno (1829-1898) en su *Baladas españolas* (1853) y que, para los madrileños, fue tan popular como su medio tocayo Perico el de los Palotes. He aquí algunas de las estrofas del poema: «Las gentes degeneradas / ya solo gustan de oír/ historias desaliñadas / o coplas desvergonzadas,/ que en burlas hacen reír./ Cuentecillos de ladrones / y de mujeres perdidas ; romances y relaciones;/ y las antiguas canciones / de nadie son oídas./ Y en vano el ciego se agarra / a su podrida guitarra / y tañendo y punteando/ manos y voz se desgarra / a todas horas cantando./ Buen patricio a su manera / cantor de la hispana gloria / le aflige y le desespera / que el pueblo olvide su historia,/ y recordarla no quiera./ (...) Y más Perico se agarra / a su podrida guitarra / y su perro fiel aúlla / y aunque su voz se desgarra /¡ay! le confunde la bulla. / Y al fin el sueño le agobia / sin tocar su seca mano / el busto de un rey cristiano / que le diga en castellano:/ —Hijo soy yo de Segovia. / Y juntos el perro y él / a su buhardilla se van, / a partir con mano fiel / negros mendrugos de pan, / más negros que su mantel».

La popularidad de Perico el Ciego siguió extendiéndose en el tiempo, como lo prueba su incorporación como personaje a la zarzuela *La Calesera*, obra del maestro Alonso, que se estrenara en Madrid, en 1925.

Y hablando del personaje del ciego en nuestros nacimientos, jamás olvidemos la maravillosa figura que, con tal motivo, tocando la zanfoña y acompañado de su lazarillo, creó Francisco Salzillo para su maravilloso belén.

los pastores que han vuelto del Portal. Por medio a medio, pasa un tranvía lo mismito que el del barrio Salamanca[17], y como tiene dos raíles y sus ruedas, a cada instante le hacen correr de Oriente a Occidente con gran asombro del Rey Negro, que no sabe qué endiablada maquinilla es aquélla.

Delante del Portal hay una lindísima plazoleta, cuyo centro lo ocupa una redoma de peces, y no lejos de allí vende un chico La Correspondencia[18], y bailan gentilmente dos majos[19]. La vieja que vende buñuelos y la castañera de la esquina son las piezas más graciosas de este maravilloso pueblo de barro, y ellas solas atraen con preferencia las miradas de la infantil muchedumbre. Sobre todo, aquel chicuelo andrajoso que en una mano tiene un billete de lotería, y con la otra le roba bonitamente las castañas del cesto a la tía Lambrijas[20], hace desternillar de risa a todos.

En suma, el Nacimiento número uno de Madrid es el de aquella casa, una de las más principales, y ha reunido en sus salones a los niños más lindos y más juiciosos de veinte calles a la redonda[21].

* * *

[17] Nuevo simpático anacronismo en el belén y mención de un hecho de rabiosa actualidad para Galdós. En efecto, el tranvía al que se refiere es el primero que circulara en Madrid a partir del año 1871, que cubría el trayecto desde el Barrio de Salamanca hasta el de Pozas (Princesa y Alberto Aguilera).

[18] Se refiere al periódico La Correspondencia de España, que se publicó entre 1859 y 1925. Durante años, fue el diario más vendido en nuestro país.

[19] Músicos y danzantes nunca faltan en un belén popular, vestidos, en más de una ocasión, con los trajes típicos de las regiones que representan. De especial belleza fueron las figuras de danzantes creadas en los talleres granadinos.

[20] Lambrijas: en plural o singular, apodo que se daba a las personas especialmente flacas, pues también significa lombriz.

[21] Era costumbre usual invitar a pequeños y grandes a visitar los nacimientos que se montaban en las casas, tanto de las más acaudaladas como de las más humildes. Porque, además del disfrute de su contemplación, aquello daba origen a un ejercicio de socialización, de reunión, evidenciando la vocación comunitaria de los belenes.

Mas de repente sintieron un rumor que no provenía de ellos. Todos miraron al techo, y como no veían nada, se contemplaban los unos a los otros, riendo. Oíase gran murmullo de alas rozando contra la pared y chocando en el techo. Si estuvieran ciegos, habrían creído que todas las palomas de todos los palomares del universo se habían metido en la sala. Pero no veían nada, absolutamente nada.

Notaron, sí, de súbito, una cosa inexplicable y fenomenal. Todas las figurillas del Nacimiento se movieron, todas variaron de sitio sin ruido. El coche del tranvía subió o lo alto de los montes, y los Reyes se metieron de patas en el arroyo. Los pavos se colaron sin permiso dentro del Portal, y san José salió todo turbado, cual si quisiera saber el origen de tan rara confusión. Después, muchas figuras quedaron tendidas en el suelo. Si al principio las traslaciones se hicieron sin desorden, después se armó una baraúnda tal que parecían andar por allí cien mil manos afanosas de revolverlo todo. Era un cataclismo universal en miniatura. El monte se venía abajo, faltándole sus cimientos seculares; el riachuelo variaba de curso, y echando fuera del cauce sus espejillos, inundaba espantosamente la llanura; las casas hundían el tejado en la arena; el Portal se estremecía cual si fuera combatido de horribles vientos, y como se apagaron muchas luces, resultó nublado el sol y obscurecidas las luminarias del día y de la noche.

Entre el estupor que tal fenómeno producía, algunos pequeñuelos reían locamente y otros lloraban. Una vieja supersticiosa les dijo: «¿No sabéis quién hace este trastorno? Hácenlo los niños muertos que están en el cielo, y a los cuales permite Padre Dios, esta noche, que vengan a jugar con los Nacimientos». Todo aquello tuvo fin, y se sintió otra vez el batir de alas alejándose.

Acudieron muchos de los presentes a examinar los estragos, y un señor dijo: «Es que se ha hundido la mesa y todas las figuras se han revuelto». Empezaron a recoger las figuras y a ponerlas en orden. Después del minucioso recuento y de reconocer una por una todas las piezas, se echó de menos algo. Buscaron y rebuscaron; pero sin resultado. Faltaban dos figuras: la Mula y el Buey.

* * *

Ya cercano el día, iban los ángeles alborotadores camino del cielo, más contentos que unas Pascuas, dando brincos por esas nubes, y eran millones de millones, todos preciosos, puros, divinos, con alas blancas y cortas que batían más rápidamente que los más veloces pájaros de la tierra. La bandada que formaban era más grande que cuanto pueden abarcar los ojos en el espacio visible, y cubría la luna y las estrellas, como cuando el firmamento se llena de nubes.

«—A prisa *(sic)*, a prisa *(sic)*, caballeritos, que va a ser de día, —dijo uno—, y el Abuelo nos va reñir si llegamos tarde. No valen nada los Nacimientos de este año... ¡Cuando uno recuerda aquellos tiempos...! Celinina iba con ellos, y como por primera vez andaba en aquellas altitudes, se atolondraba un poco». «Ven acá, —le dijo uno—, dame la mano y volarás más derecha... Pero ¿qué llevas ahí? —Esto— repuso Celinina oprimiendo contra su pecho dos groseros animales de barro. — Son pa mí, pa mí.

—Mira, chiquilla, tira esos muñecos. Bien se conoce que sales ahora de la tierra. Has de saber que, aunque en el Cielo tenemos juegos eternos y siempre deliciosos, el Abuelo nos manda al mundo esta noche para que enredemos un poco en los Nacimientos. Allá arriba se divierten también esta noche, y yo creo que nos mandan abajo porque les mareamos con el gran ruido que metemos... Pero si Padre Dios nos deja bajar y andar por las casas, es a condición de que no hemos de coger nada; y tú has afanado eso.

Celinina no se hacía cargo de estas poderosas razones, y apretando más contra su pecho los dos animales, repitió: —Pa mí, pa mí.

—Mira, tonta, —añadió el otro—, que si no haces caso nos vas a dar un disgusto. Baja en un vuelo, y deja eso, que es de la tierra y en la tierra debe quedar. En un momento vas y vuelves, tonta. Yo te espero en esta nube.

Al fin Celinina cedió, y bajando, entregó a la tierra su hurto.

* * *

Por eso observaron que el precioso cadáver de Celinina, aquello que fue su persona visible, tenía en las manos, en vez del ramo de flores, dos animalillos de barro. Ni las mujeres que la velaron, ni el padre, ni la madre, supieron explicarse esto; pero la linda niña, tan llorada de todos, entró en la tierra apretando en sus frías manecitas la Mula y el Buey.

El belén de Marcelino

Fue un éxito fulgurante. Ningún otro libro infantil había alcanzado nunca en España algo similar. Y más aún cuando, tres años más tarde de su primera publicación,1952, de él se realiza una versión cinematográfica que obtiene el Oso de Oro del Festival de Berlín y su pequeño actor protagonista, una Mención Especial en el Festival de Cine de Cannes.

Me refiero, claro está, a *Marcelino Pan y Vino*[22], escrita por José María Sánchez-Silva. Una verdadera joya literaria, nacida del modo más sencillo y entrañable. Así nos lo cuenta su autor, en entrevista concedida a Radio Nacional de España el año 1964:

Mi madre era dada a la literatura, tambièn a los versos y a la música. Ella era una mujer ilustrada y todos los

---

[22] JOSÉ MARÍA SÁNCHEZ-SILVA, *Marcelino Pan y Vino,* (Editorial Cigüeña-Ediciones Fermina Bonilla, Madrid 1952). La exitosísima versión cinematográfica de esta obra la dirigió el húngaro Ladislao Vadja, encarnando el niño actor Pablito Calvo la figura del pequeño Marcelino.

días me contaba centenares de historias, algunas de ellas inventadas por ella misma, y otras no, clásicas... Entre ellas, había una que no duraba ni un minuto. Sin embargo, a pesar de su brevedad, era la que más me emocionaba. Hablaba de un niño que pasaba todas las tardes con su merienda bajo un fanal donde se mostraba la imagen de una Virgen con su Hijo, Jesús. El pequeño de carne y hueso, cada vez que pasaba ante él, le ofrecía de su merienda y el Niño Jesús cogía todas las tardes un poco. Hasta que, un día, conmovido por el cariño del niño, Él le invitó a merendar en el Paraíso. Y esa misma noche el niño moría...

Ese fue el germen que luego Sánchez-Silva convirtió en un texto universal, tan aclamado por todos que, al paso de los años, el autor fue galardonado con el Premio Andersen[23], el de mayor prestigio internacional para la literatura infantil y juvenil, nunca, hasta hoy, logrado por ningún otro escritor español.

En aquel primer libro sobre las peripecias del bueno e inolvidable Marcelino, no hay mención alguna de la Navidad del personaje. Ni tampoco en el que sería su continuación, *El gran viaje de Marcelino*.

Pero, en el año 1960, la editorial Magisterio Español publicó un nuevo conjunto de relatos de Sánchez-Silva con el título de *Cuentos de Navidad*. Y, entre ellos, se encontraba precisamente el titulado *El invernadero*[24],

---

[23] El Premio Andersen se le concedió al autor de *Marcelino Pan y Vino* el año de 1968. Con anterioridad, año de 1957, y también por esta obra, Sánchez-Silva había recibido el Premio Nacional de Literatura.

[24] Este cuento es uno de los seis que integran el volumen *Cuentos de Navidad*, publicado por la Editorial Magisterio Español en 1960. La edición original lleva las bellísimas ilustraciones de José Francisco Aguirre. El libro incluye la relación de personas a las que José María Sánchez-

donde el belén sí tiene un papel argumental principalísimo en parte de su desarrollo. Ese es precisamente el largo fragmento que yo he seleccionado.

La ternura, la sencillez y la emoción inherentes al belén están también presentes en todo este cuento de *El invernadero*, delicioso, de prosa limpia y delicada, tan propia del autor, quien —como con él hiciera su madre— parece que más que escribir para ser leído, quisiera hacerlo para ser escuchado, para casi desvelarnos al oído la historia de aquel niño «de algo más de cuatro años y medio», en la que sería la última Nochebuena de su vida en la Tierra.

El invernadero (selección)

(...) El día 24 sí que era, por fin, Nochebuena, y por la mañana Marcelino fue lo primero que pensó. Pero había caído una gran nevada durante la noche y, cuando el chico abrió la ventana de su celda, le pareció que estaba sordo todo o, al menos, que estaba mudo todo lo demás —el cielo, el campo y la casa— y le dieron ganas de gritar, y gritó bien fuerte[25]. Menos mal que los frailes andaban ya en sus obligaciones, y solo se sorprendieron en lugar de

---

Silva dedica cada uno de los relatos. En el caso de *El Invernadero*, lo hace a Pablito Calvo.

[25] El tono literario que adopta este relato, como el de todos sus antecedentes, es pulcro y, al mismo tiempo, de conmovedora sencillez. Un propósito que el autor recoge cuando, en la dedicatoria de su *Marcelino Pan y Vino*, dirigida a su hija Sara, a sus 19 años, novicia de la Compañía de María, textualmente escribe: «Ni Andersen, ni Grimm, ni Perrault (...) han andado en reparos de estilo. Ni yo mismo, su más humilde y desaprovechado discípulo, iba a andarme en ello. He escrito, pues, como quien lava; como quien habla con lenguaje corriente e impersonal (...) con que se pueda poner a prueba si aún queda alguna lágrima en alguna parte que brindar como homenaje al amor de Dios (...)».

despertarse, «como hubiera pasado» —pensaba él— «de haber estado dormidos».

Y cuando bajó a la cocina, sin lavarse ni peinarse y abrochándose todavía un botón, se enteró de que fray Papilla[26] había tenido que romper el hielo redondo que había crecido sobre el agua de la cisterna de fuera, que se usaba para fregar, lavar y regar, aunque no para beber y guisar, porque la de eso estaba dentro de la cocina misma y sus aguas eran mucho más ricas.

Andaban los frailes preocupados aquel año porque el invierno había llegado bastante antes del día veintiuno y el tiempo había venido fuerte y más bien malo, y los helados caminos estaban desiertos, y no parecía que la gente de los pueblos quisiera pasar más frío llevando alguna limosna al convento, como otros años por estas fechas. Incluso algunos frailes de los más jóvenes habían subido a un oteruelo cercano por si veían venir a alguien salirle al encuentro, y nada.

Conque el día fue tristón y de vigilia, que allí era como de no comer los frailes, y el padre superior y el cocinero estaban cejijuntos, y se mandó quitar la nieve de los tejados con algunas palas, y Marcelino lo presenció, y se divertía viendo caer la nieve y aun jugando con ella, hasta que sus manos se ponían como pimientos colorados y un calorcillo picante se le subía o se le bajaba por los brazos hasta ellas, mientras los frailes mayores discutían en la cocina.

—Es muy pequeño aún para trasnochar tanto —decía Fray Papilla.

---

[26] Ninguno de los lectores de *Marcelino Pan y Vino* olvidaremos jamás los nombres que el pequeño inventó para el conjunto de los frailes del convento: Fray Papilla, para el cocinero; Fray Tolón, para el encargado de tocar la campana de la capilla; Fray Malo, para el fraile anciano y enfermo; Fray Mirlo, para el encargado de los cantos y del arte; Fray Conque, para quien instruía al niño en la doctrina; Fray Puerta, para el portero; Fray Bautizo, para quien propuso el bautismo de Marcelino cuando bebé...

—Si los pastores de Belén —cortó el Superior— hubieran sabido cierto como nosotros que aquella noche nacería el Niño Jesús, también hubiesen llevado con ellos a sus hijos más pequeños.

Y fue acordado que Marcelino asistiría aquella noche a la misa de Gallo, no sin que le prescribiera antes una buena y preventiva siesta. Costó Dios y ayuda acostar al chico y, más aún que eso, conseguir que se durmiera, para lo cual fue menester, sin mala intención por parte de ninguno, llamar a fray Conque para que le explicara muy cuidadosamente, sentado a los pies de su cama, un poquito más del catecismo.

Y del mismo modo que la preocupación del hermano cocinero crecía según pasaban las horas, pese a que el padre superior le hubiera dicho que era preciso conformarse con la voluntad de Dios y que mejor era ofrecerle a Jesús en ese día un poco más de pobreza que un poco menos, del mismo modo crecían las ilusiones de Marcelino después de la siesta, pues ya le habían dicho que esa tarde se iba a poner el nacimiento en la capilla, y que él ayudaría a los frailes y tocaría un poco las figuras. (Aquel nacimiento se había ido reuniendo, poco a poco y de limosna, desde que el chico fuera abandonado a las puertas del convento).

Por primera vez en su vida, viendo subir y bajar a los frailes por las escaleras prohibidas del desván y de la troje[27], sintió Marcelino deseos de hacer lo propio algún día. De allí, efectivamente, bajaban las raras cosas desconocidas para el niño, así se tratara de poner un nacimien-

---

[27] Escaleras, desván y troje que llevarían a Marcelino al lugar en el que descubre la imagen del Cristo crucificado con el que emprende el diálogo que da cuerpo central a toda la historia. La imagen de ese Cristo que aparece en la versión cinematográfica, obra del decorador y pintor Antonio Simont, todavía se conserva. Puede contemplarse en la iglesia del convento de las Carmelitas Descalzas del pueblo pacense de Don Benito, a donde llegó en 1954, como obsequio de uno de los técnicos que participaron en la película, Miguel López Cabrera.

to como de serrar un árbol, de levantar una tapia caída o enjalbegar la fachada. Al fin, entre cuatro frailes, bajaron un gran cajón, y el chico corría a su alrededor como un perrillo lo hace en torno al cesto de las provisiones.

Llegados todos a la capilla, se abrió el cajón y aparecieron unos extraños bultos desiguales, que resultaron ser, una tras otra, las figuras de barro del nacimiento, envueltas en papeles y trapos y más bien estropeadas que nuevas, por lo cual hubo que establecer allí mismo un pequeño taller para reparar lo que se pudiera.

Marcelino exultaba entre ovejas y camellos con menos patas de las previstas; entre pastores y reyes magos de tamaños diferentes, como si hubieran ido llegando a Belén muy distanciados unos de otros[28]. Hasta que, temiendo que el mal creciera, y también para evitar que viese algo que ocurría en la figura del Niño Jesús[29], que era más grande que todas las otras, el hermano Gil acertó a enviarle, con una buena bufanda, a acompañar a los frailes jóvenes, encargados de traer algo de musgo y agujas de pino para hacer manchas de verde en el Misterio.

Y en ello estaban sobre la nieve y cerca del arroyo, sacando algunas hierbas de debajo, cuando se llegó hasta allí fray Mirlo, desolado porque acababan de comprobar en la capilla que la figura de la Virgen María no existía, habiendo recordado algunos tardíamente que el año pasado se hiciese añicos. Corrió Marcelino hasta el convento y halló a los frailes boquiabiertos, en busca de una solución y aun temerosos algunos de ser tildados de descuidados por el

---

[28] La desproporción de escala, como ya hemos comentado, es característica de los belenes populares donde, más que la perspectiva o la lógica, puede el sentido de la presencia de cada personaje y la emoción y el interés que transmiten.

[29] Especialmente en los belenes monásticos o conventuales, era frecuente esta desproporción en cuanto al tamaño del Niño, usado como figura exenta y separada del nacimiento para diversas liturgias.

superior. Y con aquella manía de preguntar, que a veces hacía gracia y otras no, Marcelino, aunque sabía muy bien quién era la Virgen María, elevó su vocecilla y dijo:

—¿Y qué es virgen?

Hubo un gran silencio y algunas miradas se cruzaron repentinamente, despertando a los frailes de su estupor; hasta que fray Puerta aceptó el envite y dijo:

—Es ser pura, es ser muchacha, y doncella, y flor.

—¿Y era muchacha la Virgen María? —insistió el chico.

—Muchacha era —respondió el fraile— y nuestro buen santo Francisco[30] la saludaba diciendo «Salve, palacio de Dios y vestidura suya»[31].

En efecto, si la desgracia se hubiera recordado antes, Fray Mirlo mismo hubiese podido copiar una Virgen y recortarla después en madera, coloreándola luego como fuese debido. Pero ahora... Ahora cada nueva proposición era inmediatamente desechada, y carecer de una figura de María en el nacimiento venía a resultar algo así como imaginar la tierra sin la bendita luz del sol. Hasta que Marcelino, herido sin duda por una idea súbita, salió disparado de la capilla y se lanzó hacia la huerta como un torbellino.

---

[30] Todo el relato en torno a Marcelino tiene un indudable aroma franciscano. Y no es casual tampoco que, en el cuento, el amor por el belén provenga de una comunidad perteneciente a la Orden que creara el gran impulsor de los nacimientos, san Francisco de Asís.

[31] En honor a la Virgen María, san Francisco de Asís escribió uno de sus textos más bellos, saludándola así: «Salve, Señora, santa Reina, santa Madre de Dios, María, que eres virgen hecha iglesia y elegida por el santísimo Padre del cielo, a la cual consagró Él con su santísimo amado Hijo y el Espíritu Santo Paráclito, en la cual estuvo y está toda la plenitud de la gracia y todo bien. Salve, palacio suyo; salve, tabernáculo suyo; salve, casa suya.

Salve, vestidura suya; salve, esclava suya; salve, Madre suya y todas tus santas virtudes, que son infundidas por la gracia e iluminación del Espíritu Santo en los corazones de los fieles, para que de infieles hagas fieles a Dios».

Había allí, no lejos del respaldo del convento, y adosado a la tapia, en lugar protegido por el cálido mediodía, un rústico invernadero donde el hermano Gil criaba amorosamente algunas plantas de flor perenne para el servicio del altar. Marcelino tiró de la cerca fuertemente, sobre la nieve barrida, y entró; tendió la mirada y se agachó de pronto.

Cuando regresó a la capilla, los frailes seguían devanándose los sesos, y él dio una gran voz desde la puerta:

—¡Ya traigo la Virgen! —dijo.

Y, abriendo sus manos despacio bajo la movediza luz, mostró a todos el tesoro levísimo de una delicada flor azul[32].

Luego vino lo de la nieve, y Marcelino se mostró partidario de ponerla de verdad, de la que afuera había tantísima; pero le explicaron que allí dentro duraría poco y se convertiría en agua y mojaría las figuras y la mesa y el mismo suelo de la capilla, con lo cual fue enviado a la cocina, de parte de fray Talán, para que el hermano cocinero les hiciera merced de un poco de harina, con la que simularían la nieve[33] del nacimiento.

El chico se llegó a la cocina en un voleo y expuso su pretensión, y fray Papilla abrió, suspirando, la secreta despensa, que estaba más vacía que el pozo viejo de los fundadores del convento, y sacó un par de puñados del blanco cereal, no sin pensar que para falsas nieves estaba la estación, ya que casi nunca había estado más pobre de vituallas que entonces.

—Más valdría que la nieve se hiciese harina... —suspiró el gordo y bondadoso fraile.

---

[32] Tampoco es casual la elección del color de la flor: el azul es, desde el Renacimiento, color prototípico de la Concepción Inmaculada de María, símbolo de pureza, santidad y condición celestial.

[33] La nieve es recurso escenográfico muy frecuente en el belén popular. Pero también tiene una función simbólica evidente: hacer patente el frío en el que nace Jesús, tan vulnerable, tan desamparado. Y aludir a la pureza de su presencia.

Y cuando Marcelino regresó a la capilla, con la harina en un plato, ya estaba casi terminado el nacimiento, y fray Talán andaba haciendo pruebas con velas más altas y más bajas, porque ya era franca noche. Marcelino se quedó pasmado de ver tanta hermosura, aunque no le dejaron meter mano desde entonces. Y estaba el Niño Jesús tan grande, despierto y con los brazos un poco elevados en el aire y un pie oculto entre las pajas del pesebre; y estaban junto a él san José, con su vara, y al otro lado la Flor Azul que representaba a María; y hacía precioso, porque no se veía entre el musgo el pequeño vaso con agua templada y azucarada que la sostenía y alimentaba para que durase lo más posible, aunque mañana se podía poner quizá otra. Y en estas cosas andaban, cuando se llegó hasta la capilla el padre superior y se mostró muy contento del maravilloso belén que habían puesto sus frailes con Marcelino, y tan bien le pareció lo de la flor que hacía de María, que ni preguntó la causa, y todos le explicaron que había sido idea del chico, sin caer ninguno en el peligroso exceso de explicarle también que aquella idea había salido de la ausencia de la figura propiamente dicha.

(A partir de aquí, el relato incorpora nuevas tramas, hasta desembocar en la Misa de Gallo, a la que también acude Marcelino y, a cuyo término, los frailes celebran una paupérrima cena, que todos sin embargo celebran a pesar de su escasez).

(...) y fray Papilla se reía con ganas de llorar, recordando la rica lombarda[34] de años más prósperos y hasta los raros y exquisitos peces que en el convento aparecían de «ciento en viento».

---

[34] Recuerdo de Sánchez-Silva, madrileño de nacimiento, a dos de los productos característicos de la cena de Nochebuena en la capital: la lombarda y el besugo, tradicionales manjares navideños desde el siglo XVIII, como podemos confirmar en varios sainetes del ya mencionado Ramón de la Cruz.

(...) al final de la cena, y pasados los rezos de gracias, el padre superior se dirigió al sitio de Marcelino, e inclinándose sobre él, le besó en la frente y luego dijo:

—Felices Pascuas, Marcelino.

E hizo señas de que los frailes repitieran tras él lo mismo, con lo cual el chico fue besado y felicitado doce veces, con extraña sobremanera, porque los frailes no le besaban —a no ser fray Papilla o Fray Malo, alguna rara vez— y menos aún solían felicitarle, sino más bien regañarle de cuando en cuando y hasta probar la resistencia de sus orejas si la fechoría había sido grande, por desgracia.

Y, tras una última visita al nacimiento, todos fueron desfilando hacia sus celdas, y pronto el silencio reinó sobre el convento, además de reinar en el campo y en el cielo por la nieve. Y justamente a esa hora Marcelino no tenía sueño (...) y meditaba en su cama y no acertaba de momento a recordar sino que con el frío que hacía a Fray Puerta se le caía la moquita y a Fray Malo se le habían puesto el doble de mantas, por lo menos.

Y pensando en esto dio en pensar en el desnudo Jesús del belén, y tuvo como un sobresalto, porque en la capilla sí que haría frío con todo apagado y sin más luz que una de aceite al pie del nacimiento. Y tanto pensó en la cosa que, tendiendo el oído al exterior y comprobando que los frailes estaban bien dormidos, se armó de valor y, deslizándose de la cama, se dirigió a tientas y descalzo hacia la capilla, y, nada más salir al pasillo, distinguió en la oscuridad su puerta, apenas iluminada por la débil lucecilla interior.

Conque entró allá, se dirigió al belén y, con infinitos cuidados, cogió al Niño Jesús y se volvió con Él a la cama. Y venía tiritando y tapando a Jesús con los faldones de su no muy limpio camisón, y tuvo una enorme alegría al cubrirse a sí y al Otro con la manta, y entonces le dijo al Niño:

—¿Estás caliente, o no?

Y, tocándole, vino a descubrir que le faltaba un pie a la figura, y aquello tuvo la virtud de ponerle melancólico y hacerle sacar la cabeza de debajo de la manta.

Por la ventana entraba un leve resplandor de estrellas, y Marcelino, viendo la alta noche por primera vez en su vida, la encontró bien grande y temerosa. Pero pronto se durmió, con la mano cerrada sobre la pierna sin pie de Jesús, y entre sueños comenzó rápidamente a confundir a su propia madre desconocida con la de Él, y tuvo hasta muy tarde un grande y largo y florido sueño feliz[35].

---

[35] El texto completo del cuento *El invernadero* formó también parte del *Pregón de Navidad* que José María Sánchez-Silva pronunció en Madrid el año de 1969.

CAPÍTULO VI

Y EL BELÉN SE HACE VERSO

Poesía de Navidad. Dos palabras que se funden en una sola: Navidad. Porque la Navidad es ya la poesía. El Verbo, la Palabra, la Poesía se hace carne en el maravilloso Misterio de la Encarnación y la carne se abre en flor, visible en la Noche Santa, flor que ya está anticipando el fruto de Redención que una tarde de abril colgará del árbol[1].

No se puede expresar de forma más hermosa y profunda la relación inseparable entre la poesía y la celebración y evocación de la Navidad.

Como ya señaláramos en el caso de la prosa narrativa, es casi interminable el número de autores que en nuestra lengua han dedicado parte o la totalidad de su obra poética a esta bendita conexión, en un caudal que, lejos de agotarse, no ha hecho sino crecer siglo tras siglo, hasta llegar a nuestra contemporaneidad con una fuerza y calidad arrolladoras.

Los poemas que a continuación recojo no son sino una mínima muestra de esa corriente que, precisamen-

---

[1] GERARDO DIEGO, *La Navidad en la poesía española* (Ateneo, Madrid 1952) 7.

te en el siglo xx, y en el propio xxi, no ha hecho más que engrandecerse. Y en la que, cada día con mayor frecuencia, podemos encontrar composiciones dedicadas íntegramente al nacimiento.

Predomina en ellas, como también en el propio belén, la más cálida emotividad. A veces desde la evocación de un recuerdo lejano, de una persona añorada entre la bruma de la dulce nostalgia. En otras, desde el retorno a esa infancia, donde nada era imposible y todo estaba por descubrir. A ese mundo que nos configura como pocos —«Mi patria es mi infancia», escribe el gran Rainer María Rilke— pues en él se anclan lo que con más firmeza arraiga en nuestro ser.

Y todo expresado en esa forma excepcional que distingue a la verdadera poesía, capaz de regalarnos las imágenes más deslumbrantes, de sembrar en nuestros corazones sensaciones eternas, para llevarnos de lo humano a lo divino y hacernos partícipes del mayor Misterio: la generosa voluntad de un Dios que, sin dejar de ser tal, deseó ser hombre, encarnándose en una humilde mujer. Que allá en su vientre permaneció hasta el momento sublime de su nacimiento. Y que, presente entre nosotros, como atestigua el belén, a todos nos regala su mensaje, su ejemplo y su imprescindible compañía.

*   *   *

La Navidad preferida (Belén malagueño)[2]

Alguien te pregunta
—lo estoy escuchando—:

---

[2] VICENTE ALEIXANDRE, *Obras completas* (Aguilar, Madrid 1968). Vicente Aleixandre (1898-1984) es uno de los más grandes poetas espa-

¿Qué Navidad amas?
Aves grandes vuelan
con picos oscuros,
con alas nevadas.

Navidad querida
junto a la ribera
de mi mar de Málaga[3].
Niño, sol y conchas.
Y un girar de espumas
en la arena plácida.
La verdad vivía.
Nadie diga nunca:
la verdad se engaña.
La niñez sabía
con sabiduría
de cabeza blanca[4].
¡Oh, montañas puras
de corcho y ¡oh, estrellas
de papel de plata!

La mano del niño
sapiente, un instante
del vidrio hacía agua.
Y mágicamente

ñoles. En 1933 obtuvo el Premio Nacional de Literatura; en 1963, el Premio de la Crítica; y en 1977, el Premio Nobel de Literatura.

El poema que aquí reproducimos nunca figuró en ningún libro en concreto, sino que forma parte de las composiciones sueltas e inéditas que se agruparon en el tomo de *Obras completas*.

[3] Nacido en Sevilla, Vicente Aleixandre residió en Málaga desde los dos hasta los diez años. Por esa ciudad sintió tal predilección que, en uno de sus poemas, la llama Ciudad del Paraíso.

[4] La sabiduría de un niño igualada a la del anciano. Tal vez porque ambas derivan del tesoro de la sencillez: el infante, porque aún estrena la vida; el anciano, porque ha aprendido a liberarse de todo lo que no es esencial.

descorría nubes
de algodón en rama.

Mano gigantesca
que en el Nacimiento
sin temblar tocaba,
transformaba, hacía,
construía[5]; un día,
fuerte derribaba.

El niño salía
después a la mar.
Desnudo, rodaba.

Vicente Aleixandre

*   *   *

Figuras de barro para un belén naïf [6]

Son de barro, pero son / de amor también. Las figuras
del belén son criaturas / que nacen a condición
de llevar un corazón / de barro. Qué maravilla
que la tierra, tan sencilla, / pueda servir de sostén
para llevar a Belén / el amor hecho de arcilla[7].

---

[5] Hacer y deshacer para volver a hacer: el *perpetuum mobile* aplicado a nuestros queridos nacimientos de infancia.

[6] JOSÉ JAVIER ALEIXANDRE IBARGÜEN, *Figuras de barro para un belén naïf,* en *Al Sol de la Noche. Ocho poetas de hoy cantan a la Navidad* (San Pablo, Madrid 1997) 28-31.

José Javier Aleixandre Ybargüen (1924-2017), a quien tuve el inmenso placer de conocer personalmente, era, amén de persona excelente, sobrino del gran poeta Vicente Aleixandre y, como él, autor de infinidad de textos poéticos. Por su labor poética, recibió los premios *San Juan de la Cruz, Francisco de Quevedo* y *Rabindranath Tagore,* y en sus creaciones en prosa el *Lazarillo,* por su libro *Froilán, el amigo de los pájaros* (1969) y el *Miguel de Unamuno.*

[7] Preciosa y deslumbrante definición de las figuras de un belén que son «el amor hecho de arcilla».

Una y otra y otra, tres / patas perdió ya la oveja.
La oveja, que no se queja, / por más vueltas que le des.
Al derecho y al revés / su barro es angelical.
Calman su sed celestial / ríos de papel de plata.
Y con una sola pata, / pero llegó hasta el portal.

Gaspar tiene en la corona / barro de oro. Melchor
usa barro superior / para su real persona.
Baltasar no desentona / ni por barro ni por oro.
A pesar de su tesoro, / son del barro que parecen
y por un tesoro ofrecen / pagar el oro y el moro.

El pastor tiene este año / roto un pie. Lleva sus huellas
cojas el pastor y en ellas / deja atrás paso y engaño.
De estrellas es el rebaño / que tiene ahora el pastor
—porque un pesebre de amor / le alimentó la mirada—
y el barro de una pisada / cambió por senda mejor.

Un barro pardo se cuece / con humildad para ser
la mula. Pero hay que ver / la mula cómo se crece.
Parece que se merece / noche de tanta hermosura.
Parece que se figura.../ Se diría que parece...
Y un relincho[8] que estremece / crece lleno de ternura.

El buey —de barro dormido— / por nada pierde su calma,
y se le pasea el alma / entre mugido y mugido.
¿Será verdad que ha nacido / en aquel establo un rey?
¿Por qué antigua o nueva Ley / todos se alborotan tanto?
Y el buey —el buey que es un santo— / mira con ojos de buey.

Toda la noche de pie, / de pie mirando y callando,
de pie viendo y escuchando / se la ha pasado José.
Cualquier noche no se ve / lo que él ha estado mirando.
Cuando Dios nacía. Cuando / Dios le miró. Cómo fue.
Y siempre de pie su fe / que era barro suspirando.

---

[8] En ese relincho se plasma el «milagro», pues la mula solo rebuzna.

¿Se sabe si le ha dolido / cuando la Virgen María
entre la noche y el día / divino barro ha parido?
Cómo se han estremecido / los hombros de la doncella.
Porque ha nacido una estrella / de una flor[9] nunca tocada.
Porque aquella madrugada / la luz ha nacido de ella.

No había sido ninguna / sonrisa nunca tan clara
hasta que el Niño llegara / envuelto en pañal de luna.
Con prisa bajó a una cuna / sin puntilla ni entredós[10],
de verde manzana[11] en pos / para calmar nuestra prisa.
Y el barro pone sonrisa / porque es un niño y es Dios.

Para las reclamaciones / que sabe de buena tinta,
un ángel díscolo pinta[12] / «pintadas» con soluciones.
Paredes y corazones / con «pintadas» de belén,
que pintan alma también / al barro de las figuras.
«Gloria a Dios en las alturas» / «Paz a los hombres». Amén.

José Javier Aleixandre

*   *   *

Poema para enseñar a poner el belén a un hijo[13]

Cuando yo era pequeño, igual que tú, hijo mío,
soñaba ya en noviembre con poner el belén;

---

[9] Como en el relato de *El invernadero*, se concede a la Virgen María la condición de flor. Que ya lo dice el villancico popular: «Alegría, alegría, alegría. / Alegría, alegría en Belén./ Porque esta noche ha nacido/ de una rosa este clavel».

[10] Entredós: tira bordada o de encaje que se cose entre dos telas.

[11] Alusión a la manzana del pecado original.

[12] Cuando leo estos versos no puedo dejar de recordar un villancico gaditano, lleno de gracia y candor, que dice en su estribillo: «Señora María, venga usted corriendo/ que el Niño chiquito se está entreteniendo. / Se está entreteniendo, se está entreteniendo/ en pintar la mula de blanco y de negro».

[13] José María Fernández Nieto, *Poema para enseñar a poner el belén a un hijo*, en *Al Sol de la Noche. Ocho poetas de hoy cantan la Navidad* (San Pablo, Madrid 2000) 52-55.

hoy, que ya apenas sueño, que siento más el frío,
sueño con que tú sueñes, hijo mío, también.

Ayúdame, prepara la fuente, los molinos,
las figuras de barro que amasé con desvelo[14],
el serrín que nos sirve para soñar caminos,
la tela azul celeste que ha de servir de cielo.

Vete tensando platas, preparando acericos[15],
estrellas de juguete y nubes de algodón,
y mientras tanto canta, si quieres, villancicos
para acunar al Niño sobre tu corazón.

Alcánzame ese espejo para inventar un lago,
esas casas de corcho y aquellas de madera;
entérate, hijo mío, de todo lo que hago
para que lo recuerdes el día en que me muera[16].

Coloca a los pastores detrás de sus rebaños,
el castillo, el palacio, la cueva, el palmeral;

José María Fernández Nieto (1920-2013) fue un eminente poeta leonés, con más de veinte libros publicados, promotor además de grandes iniciativas culturales como las revistas *Rocamador* y *Juan de Baños*.

[14] No son mera ficción literaria estos versos que hablan de figuras modeladas por el propio poeta, pues, por testimonios de personas muy cercanas a él, me consta que el propio José María Fernández Nieto era quien las creaba para su belén familiar.

[15] Acericos: almohadilla que sirve para clavar en ella alfileres o agujas.

[16] El belén como legado, como entrega de lo mejor que podemos aportar a las futuras generaciones. En eso estriba el valor de la tradición belenista, la más entrañable expresión de la Navidad. «Cuando san Francisco de Asís "inventó" el belén, le preguntó el hermano León: —¿Qué es la Navidad? San Francisco respondió balbuciendo: —La Navidad es belén, es gozo, es esperanza, es bondad, es amor, es luz, es ternura, es amanecer... Es silencio. Y Dios vino esa noche» (ANTONIO GIL MORENO, «Pregón de Navidad para un mundo de incertidumbres»: *Alfa y Omega* (20 de diciembre de 2018): https://alfayomega.es/pregon-de-navidad-para-un-mundo-de-incertidumbres/).

que yo cuando tenía solamente tus años
ya colocaba el musgo, feliz como un pardal[17].

Vete trazando el prado, el cauce para el río,
pon la plata del agua bajo la paz del puente...
¿Ves cómo va creciendo el belén, hijo mío?
¡Y eso que aún nos faltan los tres Reyes de Oriente!

Sí, ponlos ya... Y ahora que ya el belén simula
un mundo en miniatura, coloquemos los dos
a José y a María, y entre el buey y la mula,
hijo mío, tu solo, pon el Hijo de Dios.

Mira el belén ahora... Parece como un sueño
copiándose en tus ojos de cálida ternura.
Igual que tú, hijo mío, cuando yo era pequeño
me quedaba asombrado ante tanta hermosura.

Ya es Navidad, ya el aire es frío, ya es más breve
la luz de cada día, ya el Niño va a nacer.
Espolvorea harina como si fuera nieve,
que ya pronto la nieve empezará a caer.

Dime si has visto nunca un pueblo más sencillo,
un río más esbelto, un sendero más llano,
una estrella más grande, más inmensa en su brillo,
¡si parece que puede cogerse con la mano!

Ya está la Nochebuena rondando el nacimiento.
¡Cuántas noches como ésta, como tú, sonreí!
No sé por qué, hijo mío, esta noche presiento
que está el Hijo del Hombre naciendo para ti.

---

[17] Pardal: gorrión. Humorística variación de la popular locución *Feliz como una perdiz.*

Reprime tu impaciencia... Ya van a dar las doce
en el reloj del mundo... Una vez más la Vida
nacerá en una cuna... Es Dios... ¡Se le conoce
porque cuando nos ama jamás se nos olvida!

¡Silencio! Han empezado a cantar los pastores.
¿Los oyes, hijo mío? ¿O es tal vez mi emoción?
Es como si cantaran villancicos las flores.
Escucha... ¡Pon tu oído sobre mi corazón!

Contempla el nacimiento, hijo mío, disfruta
de su encanto amoroso, de su amor navideño.
Es igual que tu vida, hijo, tan diminuta
que parece que fuese arrancada de un sueño.

Mira: un asno, un camello, un labrador, un carro,
pastores de Betania, mozas de Jericó,
criaturas de arcilla y figuras de barro,
sí, de barro, hijo mío, como tú y como yo.

Que nuestra vida es eso: Un belén. Criaturas
amasadas en barro por Dios con tal cariño
que para redimirnos de tantas desventuras
bajó al belén del mundo y se nos hizo Niño.

Ese Niño, hijo mío, que has puesto con tus manos
junto al buey y la mula, naciendo en un portal.
Ese Niño que quiso que fuésemos hermanos
y nos hizo figuras de un belén inmortal.

Grita la buena nueva, llama a grandes y a chicos,
háblales, hijo mío, de nuestro nacimiento.
Vamos con los pastores a cantar villancicos,
que ya huele a turrones y a mazapán el viento.

Que, cuando era pequeño, igual que tú, hijo mío,
soñaba todo el año con poner el belén,
y hoy, que ya apenas sueño, porque siento más frío,
sueño con que tú sueñes, hijo mío, también.

José María Fernández Nieto

* * *

El cajón[18]

Nuestro mundo es el cajón
donde estamos a la espera
de la Vida verdadera.

Una estrella de oropel
—mejor que estrella, cometa—
pende, por hilos sujeta,
de un cielo azul, de papel.
Y, por debajo de él,
níveo campo se figura
con maderas y pintura.

En el prado, los pastores;
junto al río, lavanderas,
y un niño las posaderas
muestra sin falsos rubores[19].
Puentes, pozos, leñadores
y casitas de cartón
crean mundos de ilusión.

---

[18] LUIS GARCÍA ARÉS, *El cajón*. En *Versos para la Navidad. Villancicos* (Cuadernos del Laberinto, Madrid 2019) 18-20. Luis García Arés (1934-2013), excelente poeta, dedicó no pocos de sus versos al ciclo navideño. Coleccionista de arte, bibliófilo (especializado en Santa Teresa de Jesús, en Ávila y en primeras ediciones de poesía) fue el fundador de la prestigiosa editorial *Cuadernos del Laberinto*.

[19] Esta figurita del niño que muestra sus posaderas por el roto pantalón, con su comicidad, es también emblemática de nuestros belenes populares.

Junto con ellos también
los Reyes, grandes señores,
cabalgan tras los fulgores
que solamente ellos ven.
Van al encuentro del Bien,
revelado a su conciencia
por la magia y por la ciencia.

Esta grey tan especial
de figuritas de barro
se encamina hacia un cotarro
también llamado "Portal".
¿Qué habrá allí, que por igual
en todos infunde amor
y transforma su interior?

Vuélvenlas a su cajón
pasada la Navidad,
e igualan su dignidad
con la del niño cagón[20];
revueltos y en confusión
nigromantes y pastores
aguardan tiempos mejores.

Yo, Señor, que soy de arcilla
cual figura de un belén,
sé que algún día también
y de manera sencilla
obrarás la maravilla
de sacarme del cajón
y cambiar mi condición.

---

[20] Especialmente en los belenes populares catalanes, la figura del pastor defecando, su célebre «caganer», es motivo de imprescindible presencia. Más allá de su carácter humorístico, incluso burlón, también refleja un antiguo simbolismo, heredero de iconografías románicas, tal y como se documenta en la obra *El caganer. La figura més popular del pessebre català* (Museu de Joguets de Figueres, Figueras 1987).

Será entonces Navidad
y Navidad verdadera[21]
porque el Cristo nos espera
en su gloria y majestad.
Y ante la Suma Bondad
caerán en adoración
las figuras del cajón.

Luis García Arés

*   *   *

Romance con nostalgia para decir en Navidad[22]

Los años nos van llenando / de canciones acabadas,
de sonrisas amarillas,/de mariposas amargas.
Pero hay milagros de arcilla / que de las sombras escapan
como si de los silencios / pudieran nacer campanas.
El barro de las figuras / con luz interior se amasa
y es bendita luz el brillo / niño del papel de plata.

Mi padre inventa senderos / de serrín, grutas prepara
con musgo y corcho dispone / la magia de las distancias
y con sus manos conduce / ríos a salto de mata.
Mi madre tiene celestes / pájaros en la mirada,
postura de mazapán,/ plumas de pavo en la falda
y el corazón asomándole / —riendo— por la garganta.

En las praderas del cielo / se dan cita las montañas
para asomarse al balcón / más alto de la esperanza.
Es de noche y hay palmeras / anaranjadas del alba.

---

[21] Deslumbrante reflexión que hace de la Resurrección de los muertos y la Vida Eterna una permanente y verdadera Navidad.

[22] JOSÉ JAVIER ALEXANDRE IBARGÜEN, *Romance con nostalgia para decir en Navidad,* en *Ver y Cantar* (Editora Nacional, Madrid 1953) 46-47.

Viento tejido en su vuelo / turbión de espuelas sus alas,
racimos de amor brotándole, / un ángel rosa cabalga
con una estrella en la mano, / buscando dónde dejarla.
Yo me la pongo en los labios / pues no sé mejor palabra
para saludar al sol / que de noche se levanta.
Se desperezan los gallos / como cogidos en falta;
prenden lirios en el aire / los cascabeles del alma
y los grillos improvisan / una zambra de guitarras.
Cuando María y José / al Niño le tocan palmas
la alegría enciende todos / los rincones de mi casa.

José Javier Aleixandre Ibargüen

CAPÍTULO VII

CUANDO EL BELÉN ES LEYENDA

Un hecho real —o pretendidamente cierto— que pervive en la llama ardiente de la memoria popular. Que se nutre del tiempo y de la aportación de muchos, tantas veces anónimos. Y que llega a nuestros días, completo, pero nunca concluido del todo, abierto a seguirse enriqueciendo con nuevos matices, con nuevas secuencias, con nuevos aderezos.

Eso es una leyenda que, en el caso de las referidas a los belenes, a sus episodios y personajes, tanto debe a la devoción popular. Y es que el relato evangélico del nacimiento de Jesús es tan escueto y, al mismo tiempo, tan sugerente, tan potencialmente rico, que a la parquedad de lo contado en los textos canónicos pronto irán sumándose motivos nuevos, detalles que buscan hacerlo aún más intenso y trascendente, vistiendo con la magia de la ficción una realidad ya de por sí extraordinaria.

Lo que en principio puede empezar siendo tan solo un mero afeite, apenas anécdotas de vuelo imaginativo, poco a poco irá ahormándose, modelándose, hasta componer una trama auténtica, en la que todo tiene su inicio, su nudo y su desenlace, aunque éste, como ya hemos apuntado, nunca tenga por qué ser definitivo. Que no hay relato legendario que no permanezca inconcluso. Como no hay historia que no merezca una continuidad.

De entre todos los seres que habitan el relato evangélico, de entre el tropel de figuras que componen el belén, hubo un conjunto concreto que, ya desde su aparición, suscitó la mayor de las atracciones. Por su exotismo. Por su carácter excepcional. Por la yuxtaposición que en ellos se da de la mayor de las grandezas con la más humana sencillez ante el reconocimiento de la Verdad. Son, claro está, los tres Magos de Oriente. Esos personajes fabulosos y fabulables que, por sí mismos y como pocos, hacen posible el vuelo legendario.

Infinidad de relatos se tejen en torno a ellos y su largo viaje[1]. Pero, de entre todos, hay uno que a mí me parece realmente conmovedor. Que me sigue emocionando, como el día que conocí esta primera leyenda que recojo en este apartado del libro. Tuvo su origen en el corazón medieval de la vieja Europa para, a principios del siglo XIX, de manos de la comunidad holandesa, recalar en la cultura popular estadounidense y, años después, en su literatura[2].

Mas, por no sé qué juegos del destino, a la América hispana llegó de forma oral, para dotar a la trama de las

---

[1] De entre la multitud de obras que recogen episodios legendarios protagonizados por los Magos de Oriente, me permito recomendar *El libro de los Reyes Magos*, escrito a mediados del siglo XIV por el carmelita Juan de Hildesheim. En España lo ha publicado la editorial Encuentro.

[2] Artabán es el personaje central del cuento navideño *The Other Wise Man*, escrito en 1896 por Henry van Dyke.

mismas dosis de color, imaginación y creatividad que también definen la belenística de tan gigantesco y variado territorio, enriqueciendo la leyenda con nuevos pasajes emotivos y un final excepcional.

La segunda leyenda que quiero compartir con todos los lectores está ligada al maravilloso Belén de Jesús[3]. A ese conjunto de espléndidas figuras que, procedentes de Nápoles, arribaron a la isla de Mallorca después de una procelosa navegación. Ahí precisamente arranca la historia[4], que, como en tantos casos, fue acrecentándose al paso de los años hasta llegar a lo que, con todo detalle, tuve el placer de conocer de boca de uno de nuestros más relevantes investigadores belenistas: el sacerdote teatino Gabriel Llompart.

Disfrute el lector de estos dos monumentos legendarios, de su insólita peripecia, de su larga cosecha de años. Y compártalos con cuantos quiera para seguirles dando vida, pues su vocación, como toda tradición, es perdurar. Escribe Alfonso Rodríguez Castelao:

> La verdadera tradición no emana del pasado, ni está en el presente, ni en el porvenir; no es sirviente del tiempo. La tradición no es la historia.
>
> La tradición es la eternidad[5].

* * *

---

[3] Cf. Antonio Basanta Reyes, *Lo envolvió en pañales* (Monte Carmelo, Burgos 2022) 49-51.

[4] En la capilla donde actualmente se alberga el Belén de Jesús, y en uno de sus costados, se muestra un cuadro, pintado en el siglo xviii, que recoge parte de esta leyenda.

[5] Alfonso Rodríguez Castelao, *Obra completa, I* (Akal, Madrid 1975) 201.

El cuarto Rey Mago

Se llamaba Artabán.

Sobre los lomos de los dromedarios que componían su caravana casi infinita, se portaban multitud de cofres que, adornados de oro y de plata, guardaban en su interior las piedras y metales más preciosos, las sedas más vaporosas, las más exquisitas telas recamadas.

Y es que él, Artabán, era el rey mago más rico de todos.

Como Melchor, como Gaspar, como Baltasar él sabía que su misión principal era seguir incansable el rumbo de la estrella que habría de conducirles a la revelación del mayor de los Misterios, sucedido en el más humilde establo de la ciudad de Belén. Y que había que hacerlo pronto, pues en su corazón, como en el del resto de sus otros tres compañeros viajeros, empezaban a surgir los más oscuros presagios.

Corrían veloces las cabalgaduras sobre la arena ardiente del desierto, en la paz inmensa de aquellos parajes que solo enturbiaban el soplar continuo del viento o las violentas y cegadoras tormentas que, ni aun así, lograban detener el curso fugaz de la comitiva.

Al clarear del duodécimo día, arribaron al primero de los oasis, con la única intención de hacer una mínima parada y reponer así las reservas de agua, ya casi agotadas. Apenas llegados, de inmediato se vieron rodeados por muchos de los que allí moraban, atraídos todos por su inesperada aparición y sorprendidos por su exotismo. Los más jóvenes admiraban el porte de los animales, que mansamente se dejaban acariciar, en tanto los mayores apenas pronunciaban palabra, admirados todos de aquella regia solemnidad.

Solo un niño fue quien se atrevió a hablar. Y lo hizo para que Artabán socorriera su pobreza.

—Señor, veo que lleváis mucha riqueza en vuestra caravana. Yo casi no tengo qué comer. ¿Podríais ayudarme?

Artabán lo escuchó. Y también lo hicieron el resto de los personajes reales quienes, sabiendo ya de la naturaleza de su compañero, y temiendo perder un tiempo precioso, sin mediar palabra reemprendieron la marcha.

Sí, todos lo hicieron. Todos, menos Artabán quien, antes de proseguir camino, ordenó a uno de sus sirvientes que entregaran al pequeño, y a cuantos después se sumaron con similares peticiones, varios puñados de monedas de oro.

Es así como se inicia el particular periplo de Artabán. Quien, por su buen corazón, por su misericordia, nunca es capaz de llegar a tiempo para cumplir la misión principal del viaje. Y, de este modo, cuando Artabán consigue llegar a Belén, la Familia ya lo ha abandonado para huir a Egipto. Y, al alcanzar él el lugar de Egipto en el que Jesús, María y José han pasado un largo tiempo, tampoco los encuentra, pues han iniciado el regreso a su querida patria israelí.

A partir de ahí, la trama de la leyenda va recorriendo cada uno de los lugares evangélicos de Jesús. Y siempre con el mismo resultado para el bueno de Artabán, cada vez más pobre, cada vez más solo. Atrás van quedando la pequeña aldea de Nazaret, las orillas del río Jordán, Caná, Jericó, Cafarnaún, el mar de Galilea, Gadara, Betsaida, Betania, Tiro y Sidón, Decápolis, Genesaret, Dalmanuta, el monte Tabor, Sicar, Naín, Cesárea de Filipo, Betfagué[6]..., hasta que al fin, treinta y tres años más tarde de haber iniciado su peregrinar y habiéndose convertido en el ser más mísero de la Tierra, pues todo lo ha entregado a cuantos se lo piden, consigue llegar a Jerusalén. Y lo hace, animado por las voces que le cuentan que, tan solo días antes, Jesús ha entrado en júbilo en la ciudad, entre vítores, hosannas y el agitar victorioso de ramas de palmera.

---

[6] La leyenda recoge exactamente todos los lugares mencionados en el Evangelio de Marcos, el más preciso en cuanto a los lugares recorridos por Jesús a lo largo de su vida.

El labriego que le informa le cuenta además que, a su llegada a las puertas de la ciudad, ante la multitud que le rodeaba y aclamaba, se había producido un hecho asombroso... Cerca, junto a la muralla, se encontraba pastando una burrita muy vieja que, nada más ver a Jesús, y a pesar de sus achaques, se fue acercando a Él hasta que logró llegar justo a su lado.

—Jesús la miró entonces con especial amor, —dijo el aldeano— y con voz muy dulce, mientras le acariciaba la testuz, oímos que le decía: —Cuánto me alegro de haberte encontrado de nuevo. Porque tú eres la burrita que llevó a mi madre a Belén. La que me acompañó, junto al buey, en el Portal. La que nos condujo a mí y a toda la familia, cuando viajamos lejos, huyendo del rey Herodes, y luego nos retornó a nuestra amada Nazaret.

Y, mientras pronunciaba aquellas palabras, todos vimos que la burrita mansamente asentía. Y después observamos que ella giraba su cabeza, una y otra vez, como invitando a que Jesús subiera sobre ella.

—Si ya soy todo un adulto y temo fatigarte...

Pero la burrita no cejaba en su porfía. Y fue entonces cuando se produjo lo más inesperado. Porque la asnita abrió su boca, y en lugar de un rebuzno, todos escuchamos que hablaba en nuestra propia lengua y que decía:

—No, mi querido Niño, que para mí siempre serás eso mismo. ¿No recuerdas la canción que siempre te cantaba tu madre María: «No hay ventura más grande / ni mayor felicidad / que llevar a Dios encima: /es como el aire llevar». Sube sobre mí y vayamos a la ciudad.

Jesús obedeció. Y de ese modo, entró sobre ella en Jerusalén.

—¿Entonces es cierto que Él está aquí? ¿Y dónde crees que puedo encontrarle?

En el rostro del labrador se dibujó la más sombría tristeza. Y, sin poder decir palabra, señaló con una de sus manos la colina sobre la que se levantaban tres cruces, en una de las cuales agonizaba Jesús.

Artabán, roto de dolor, bañado en lágrimas, reemprendió la marcha, atravesó las callejuelas de la Ciudad Santa y llegó hasta lo más alto del Gólgota. Y, al verse al pie de la cruz en la que tan cruelmente sufría el Nazareno, se arrodilló ante ella, puestas las manos sobre el suelo, y apoyando su frente contra el rugoso tronco vertical, exclamó:

—Lo siento, Jesús, lo siento de todo corazón. No puedo sino pedirte perdón, aunque no lo merezca en absoluto, porque nunca, nunca fui capaz de cumplir mi deber, de llegar hasta ti como Tú querías...

Y Jesús, apenas con un hilo de voz, le respondió:

—No, Artabán, no te confundas. Tú fuiste siempre el primero que llegó. Quien antes que ningún otro cumplió su misión. Porque cuando diste de comer al hambriento, era a mí a quien alimentabas. Porque cuando diste de beber al sediento, era mi sed la que saciabas. Porque cada vez que vestías y abrigabas al desnudo, tú cubrías mi misma desnudez... Y ahora, mírame, te lo ruego, porque tengo que pedirte un último favor.

Artabán levantó la vista y sus ojos llorosos no fueron sino el espejo del mismo sufrir de Jesús.

—Toma la planta que crece ahí, en el suelo, y álzala a mi costado, por ver si me alivia este inmenso dolor que me lacera.

Artabán cumplió lo que Jesús le ordenaba y, arrancando la planta de la tierra, la elevó hasta el cuerpo del Mesías.

Y cuenta la vieja leyenda que, en ese preciso instante, Jesús expiró. De su frente coronada de espinas cayó una última gota de sangre que se depositó sobre aquella planta, deslizándose lentamente por cada una de las hojas, bajando por su tallo, penetrando en su raíz...

Y, mientras el cielo se oscurecía, y se rasgaba el velo del Templo, entre las manos de Artabán, como un nuevo fuego de vida, radiante, luminosa, cargada de esperanza, nació la primera Flor de Pascua. La misma que tantos llaman también la Flor de la Nochebuena[7].

*   *   *

El belén de Jesús

Año de 1536.

El mar Mediterráneo ruge furioso en noche de tempestad. Luchando con la galerna, un navío procedente de Nápoles, cargado de magníficas obras de arte, trata inútilmente de progresar, a punto de un naufragio que parece inevitable.

De pronto, una ola imprevista y gigante se estrella contra la popa del navío. Un crujido recorre la cubierta, en tanto el marino encargado de guiar el rumbo anuncia la catástrofe que acaba de suceder:

—¡¡¡¡Hemos roto el timón!!!! ¡¡¡¡Es imposible gobernar el barco!!!!

Y, como si el cielo quisiera acompañar tan infaustas nuevas, un rayo rasga el firmamento y su atronador sonido se expande amenazante sobre la superficie del agua embravecida.

Alertado por los gritos del timonel, el capitán del barco, Domenico Gangome, sube a cubierta. Y allí es consciente del peligro que corren. Perdido el timón, presos del infernal oleaje que les abate, rotas las velas por el viento huracanado, todo conduce al peor de los escenarios. Porque en tales condiciones, no hay embarcación que sobreviva.

Se estremece solo de pensarlo y trata inútilmente de encontrar una vía de salvación a circunstancia tan extre-

---

[7] Esta planta, traída a Europa por los españoles descubridores de Méjico y Guatemala, recibió el nombre de Flor de Nochebuena o Flor de Navidad. Los aztecas la llamaban *cuetlaxochitl* (flor brillante) y los mayas, *k'alul wits* (flor de fuego).

ma. Pero de inmediato sabe que nada puede hacer, como tampoco ninguno de sus hombres. Solo les queda prepararse para la muerte, encomendarse a Dios y rezar para obtener de Él su acogida.

Por ello reúne a la tripulación y, todos de rodillas, imploran también la ayuda de su veneradísimo san Genaro[8]:

Glorioso san Gennaro, coraggioso atleta della fede di Cristo, che ha dato la vita per difenderla e ha ricevuto la corona del martirio. Salvaci dai pericoli che possono uccidere non solo il corpo ma anche l'anima[9].

Y Gangome añade a la oración una promesa muy particular: si se atiende su ruego, si se libran del naufragio seguro, promete hacer donación de cualquiera de las magníficas obras de arte que guarda en la bodega de la nave a quien o quienes le hubieran prestado algún auxilio.

Pasan unos minutos, que a todos se vuelven interminables, y nada cambia. Ni las olas dejan de zarandearles, ni los vientos de acrecentarse, en tanto en el cielo no se divisa la más mínima estrella. La oscuridad más absoluta les envuelve...

—¡¡¡¡Capitán, capitán!!!! ¡¡¡¡ Mire allí!!!! ¿No ve como una lucecilla?

El capitán se acerca a la borda y trata de escudriñar entre la negrura. Entonces lo ve. Puede que sea solo una ilusión, tal vez el simple fruto de su imaginación, ansiosa de encontrar algún motivo de esperanza. Pero, no. Lo que cada vez aparece como mayor claridad entre la más absoluta tiniebla es el reflejo de una luz tenue, muy tenue, persistente en su débil parpadeo.

---

[8] San Genaro (272-305), obispo y mártir, es el patrono de la ciudad de Nápoles desde el año 472.

[9] Glorioso San Genaro, valiente atleta de la fe de Cristo, que diste tu vida para defenderla y recibiste la corona del martirio. Sálvanos de los peligros que pueden matar no solo el cuerpo, sino también el alma.

Gangome no lo duda. Por otra parte, nada pierden si tratan de seguir su rastro. Y es más, para su asombro, sin que puedan servirse del timón dañado, la nave ha ido virando, hasta ponerse en la dirección que marca aquella lucecita. Y avanza. No sabe muy bien por qué, pero avanza. Lentamente avanza.

Contagiados de esa nueva confianza, la tripulación redobla el tesón, pues quiere creer que aquella señal pudiera ser la respuesta divina y milagrosa a sus ruegos. Y, a pesar del peligro, cada cual ocupa de nuevo su puesto, decididos a jugar la última carta.

El esfuerzo es titánico, extenuante. Pero ni la deriva decrece ni menos aún se extingue la luz que les guía.

—¡¡¡¡ Nos estamos acercando a tierra firme!!!!

Y es entonces cuando, de repente, el mar empieza a calmarse. Lo que antes era la más espesa de las penumbras se torna en levísima claridad. Sí, la costa de Mallorca se acerca, hasta que, amainada la tempestad, la nave puede finalmente saberse a salvo y atracar en el pequeño puerto de la isla.

Nada más poner pie a tierra, el capitán pregunta a uno de los lugareños por el edificio en cuya fachada se distingue el mínimo haz que les ha llevado hasta allí.

—Es el convento de Nuestra Señora de los Ángeles, también conocido como de Jesús[10], uno de los que los franciscanos han levantado en Mallorca —le responde.

Después de despedirse agradecido, Domenico se dirige hacia el lugar señalado. Pero apenas ha llegado, una profunda emoción le conmueve. Y es que, sobre uno de los muros del convento, descubre la imagen esculpida de la Virgen de las Nieves. Y, pendiendo de sus manos, una lamparita en la que continúa titilando la lucecita salvadora...

---

[10] El convento se fundó en 1441. El más ilustre de sus moradores fue fray Junípero Serra, evangelizador de California, canonizado por el papa Francisco el 23 de septiembre de 2015.

Cuando por fin consigue reponerse, el capitán pica en la puerta.

—¡Paz y bien! —escucha que contestan desde dentro.

Gangome responde al saludo e informa del porqué de su visita. Oída la petición, el hermano portero le franquea la entrada y amablemente le conduce hasta el modesto cuartito en el que se halla el prior a quien, para asombro del franciscano, le narra todo lo ocurrido, haciéndole a su vez sabedor de la promesa que ahora tanto desea poder cumplir.

Y es por ello que ambos caminan ya calle abajo, en dirección al puerto donde está amarrado el navío, en el que se han iniciado los trabajos de reparación.

Bajan a la bodega, y el padre prior queda extasiado ante tanta maravilla como las que allí ve. Son tan hermosas las imágenes, tan deslumbrante cuanto aprecia, que realmente no sabe qué escoger, pues eso es lo que el gentil capitán le ha pedido que haga.

—¿Qué, padre, ya tiene claro lo que desea elegir?

—Es que todo es magnífico. Déjeme que mire por última vez.

Entonces repara en algo que antes le había pasado desapercibido. Se trata de un grupo que oculta un hule protector. Al descubrirlo, queda realmente extasiado: ante él se presenta uno de los belenes más bellos que ha visto en su vida. Con su hermosísimo Misterio, sus pastores, sus ovejas y un conjunto de seis ángeles músicos realmente admirables.

Ya no tiene la menor duda. Esas son las imágenes que va a solicitarle a Gangome.

Pero, cuando lo hace, la reacción del capitán es inesperada, pues se niega a ser fiel a su palabra y trata de que el franciscano se complazca con una talla menor, de inferior valor económico. Finalmente, viendo que no es capaz de mudar la decisión del prior, Gangome se mantiene en su negativa y ambos se separan, el uno preso del desencanto, quién sabe si el otro, de su mala conciencia...

* * *

Han pasado varios días, suficientes para que el barco esté ya listo para continuar su navegación.

Y como la mañana es clara y luminosa y todo está en calma, Gangome da órdenes de soltar amarras y zarpar de inmediato.

—¡¡¡Izad las velas!!!, ¡¡¡desplegad la mayor!!! —grita eufórico, al ver que ahora también empieza a soplar un aire favorable.

Los marineros obedecen de inmediato sus órdenes, largan las jarcias, gime el casco, el viento abomba el velamen... pero el barco no avanza, detenido de forma inexplicable.

Sorprendido, el capitán manda repetir de nuevo la maniobra, pero nada distinto sucede. Así que ordena a la tripulación que tomen los remos y, a su impulso, hagan singlar la nave. Se hunden las palas con brío, batiéndose una y otra vez, pero, a pesar de ello, la embarcación continúa inmóvil. Una y otra vez se afanan en el intento... y una y otra vez fracasan.

Es entonces cuando el capitán comprende la razón de lo que está ocurriendo. Una congoja inconsolable le invade. Sus ojos se llenan de lágrimas y en su corazón nace el más sincero propósito de enmienda

—Perdón, Señor, me arrepiento de mi codicia, te ruego que me perdones.

Y, decidido a reparar su culpa, con la compañía de otros marineros, emprende de nuevo el camino hacia el convento, portando ahora cuanto en su día se negara a entregar al prior. Éste le recibe, le abraza y, sin mediar palabra, una a una las figuras del nacimiento van siendo depositadas en la capilla del cenobio. Porque es claro que Dios ha querido que la promesa no cumplida quede así satisfecha. Y Su Deseo es que aquel precioso belén tenga su hogar definitivo en la isla.

Retornados a puerto, capitán y tripulación embarcan de nuevo. Y, en ese mismo instante, un nuevo prodigio surge ante ellos. Sin previo aviso, las aguas parecen abrazar la nave, llevándola en volandas sobre las olas, hasta cruzar el puerto y mansamente terminar depositándola más allá del malecón, a mar abierto, rumbo al horizonte. La mejor despedida para el más feliz de los cabotajes.

Salid marineros / salid a navegar,
que el Rey de los cielos / ha llegado ya.
Nació en un Portal, / nació en un Portal.
Venid, marineros, / venidle a adorar[11].

---

[11] Villancico popular andaluz.

CODA

Pablo Cervera Barranco

El diccionario de la Lengua española define epílogo como recapitulación, síntesis, compendio, resumen, colofón, final, fin, terminación, remate. He preferido no usar el término porque no se ajustaría al lugar y objeto de estas líneas. Coda es vocablo musical y creo que se adapta mejor a esta sinfonía en tres tiempos que nos ha brindado Antonio Basanta. Coda es añadido a unos períodos musicales previos de gran brillantez. Por eso es bueno que esté al final, de manera escondida.

Antonio Basanta no es baturro, pero por su tesón cualquiera lo podría decir. Tras varios intentos, al final me ha doblegado para que escriba la coda de su tríptico en torno al belén: unas últimas variaciones que sirvan también para concluirlo. Me siento sonrojado porque no soy nadie. Solo he animado, alentado y acompañado la realización de estos tres libritos (*Lo envolvió en pañales, Lo reclinó en un pesebre, Y vinieron a adorarle*) para que vieran la luz. Me siento feliz. El resultado, como quizá ya hayas comprobado, querido lector, es espectacular. Antonio es hombre culto y sabe desgranar su saber y sabiduría. Además lo dice de un modo no convencional. Su prosa también es deliciosa. Parece mentira que, en todas sus páginas, pasen tantos hechos históricos tan bien hilvanados, anécdotas, explicaciones varias y todo ello adornado, como digo, de bella prosa, visión creyente y seriedad historiográfica.

Le he encargado una obra de más envergadura que, sin duda, recogerá algo de lo desplegado aquí. Esta coda que escribo al libro es para que se sienta obligado a ello y sus compromisos europeos no le hagan olvidar esta tarea dirigida a los que nos sentimos pequeños en el tema.

Escribo el día 31 de julio de 2024, día de san Ignacio de Loyola, al que le debo mi estructura espiritual. Basanta cita al de Loyola. Sin duda, una meditación tan singular del nacimiento de Jesús contribuyó a la creación de los belenes. No olvidemos, además, que el santo esperó un año, tras su ordenación sacerdotal, para celebrar su Primera Misa. ¿Dónde? No era un lugar accesorio. Quiso ir desde Venecia hasta Roma y hacerlo en la Basílica de Santa María la Mayor, donde la tradición dice que se guarda el pesebre de Jesús. Su amor y devoción hacia la humanidad del Salvador era muy grande. Ignacio está insertado en la corriente de la *devotio moderna*: intimidad, cercanía a la humanidad de Cristo...

En la contemplación del nacimiento, en la segunda semana de los Ejercicios Espirituales, dice el santo:

> [111] ...desde Nazaret salieron Nuestra Señora encinta, casi de nueve meses, como se puede meditar piadosamente, sentada en una borriquilla, y José y una esclavita, llevando un buey para ir a Belén a pagar el tributo que el César impuso en todas aquellas tierras.

[112] Composición viendo el lugar. Será aquí ver con la vista de la imaginación el camino desde Nazaret a Belén, considerando su longitud y anchura, y si ese camino es llano, o si pasa por valles o cuestas; asimismo mirar el lugar o gruta del nacimiento, qué grande, o qué pequeña era, qué baja o qué alta, y cómo estaba preparada.

[114] El primer punto es ver las personas; es a saber, ver a Nuestra Señora y a José y a la esclava, y al Niño Jesús recién nacido, haciéndome yo un pobrecito y esclavito indigno, mirándolos, contemplándolos y sirviéndoles en lo que necesiten, como si presente me hallase, con todo el acatamiento y reverencia posibles; y después reflexionar en mi interior para sacar algún provecho.

[115] El segundo: mirar, advertir y contemplar lo que hablan; y reflexionando en mi interior sacar algún provecho.

[116] El tercero: mirar y considerar lo que hacen, como por ejemplo caminar y trabajar, para que el Señor nazca en suma pobreza, y al final de tantos trabajos, de hambre y sed, de calor y de frío, de injurias y afrentas, para morir en cruz; y todo esto por mí; después, reflexionando, sacar algún provecho espiritual.

[117] Acabar con un coloquio

Casi vemos el belén a través de las líneas de san Ignacio: borriquilla y buey camino de Belén, camino largo y ancho, valles, cuestas, gruta; caminan, trabajan.

Las personas: María, José y el Niño recién nacido en suma pobreza... para morir en la cruz. y todo esto por mí.

Y la esclavita y «yo un pobrecito y esclavito indigno, mirándolos, contemplándolos y sirviéndoles en lo que necesiten, como si presente me hallase, con todo el acatamiento y reverencia posibles».

Difícilmente se puede involucrar mejor a cada cristiano en el belén como lo hace san Ignacio. Ojalá este año tu belén sea una implicación de tu persona con ese Niño que por ti nace en Belén.

Los libritos de Basanta te ayudarán a zambullirte en el misterio. Los primeros desde la génesis y significado de todo lo que configura el belén. Este último, desde la feliz andadura de los nacimientos tradicionales y lo que la palabra poética y en prosa (sólo una cuidada selección) han dicho sobre el belén.